Los geht's!

Coursebook One

Authors
Hartmut Aufderstraße, Heiko Bock,
Karl-Heinz Eisfeld, Mechthild Gerdes,
Hanni Holthaus, Helmut Müller,
Uthild Schütze-Nöhmke

Adviser to the Project
Hans-Eberhard Piepho

UK Project Coordinator
Peter Lupson

Stanley Thornes (Publishers) Ltd

This licensed edition of material from *Themen 1* first published in 1986
by Stanley Thornes (Publishers) Ltd, Old Station Drive, Leckhampton,
Cheltenham GL53 0DN, UK, with the approval of Max Hueber Verlag,
Munich.

Reprinted 1989
Reprinted 1991
Reprinted 1992

British Library Cataloguing in Publication Data

Los geht's!
    Coursebook 1
    1. German language—Text-books for foreign
    speakers—English
    I. Aufderstraße, H.   II. Lupson, Peter
    438   PF 3112

    ISBN 0-85950-508-1

Printed in Hong Kong by Wing King Tong Co. Ltd.

ACKNOWLEDGEMENTS

Photographs
Adam Opel AG for 'Fabrik in Rüsselsheim' on page 43 ● Anthony Verlag for 'Bauernhaus in Vechta' on page 43 and photograph G on page 99 ● Bavaria-Verlag Bildagentur for photograph 7 on page 22, photographs of Reihenhäuser on page 39 and Rothenburg on page 43, photographs B, C, E and F on page 99, photographs of Schloßhotel Walther, Fernpaß-Hotel and Pension Oase on page 102, and photographs on page 114 ● Bildarchiv Huber for photograph of Wieskirche on page 43 and of Pension Hubertushof on page 102 ● Bildarchiv Preussischer Kulturbesitz for photograph of Maria Theresia and photographs A, B, C, D and E on page 13 ● Helmuth V Claer, März Foto, for photograph 3 on page 22 ● Color-Dia Verlag for 'Die Bürgerschaft' and 'Der Hafen' on page 137 and photographs 1 and 3 on page 138 ● de Sede AG for photographs (c) and (d) on page 41 ● Deutsche Presse-Agentur GmbH for photographs of Pope John Paul II and Simone de Beauvoir on page 38 ● Karlheinz Egginger for photograph on page 134 ● Angelika Fertisch-Rörer for photographs on page 76 ● Rainer Gaertner for photograph A on page 99 ● Hartmut Greyer for 'Fischdelikatessen' on page 154 ● Gruner & Jahr for photographs (e) and (f) on page 41 and 'Verschmutzte Elbe bei Hamburg' on page 137 ● Klaus Haidorn, Szene Verlag, for 'Onkel Pö' and 'Fabrik' on page 154 ● Interfoto-Pressebild-Agentur for photograph D on page 99 ● John's Modell-Service GmbH for photographs on page 20 ● Dr K Karkosch for photograph of Dick and Doof and photograph F and G on page 13 ● Keystone Pressedienst GmbH for photograph of Willy Brandt and photograph H on page 13, photograph 2 on page 22, Nyerere, Borg, Castro and Mother Theresa on page 38 and photographs of 'Hochhaus' and 'Einfamilienhaus' on page 39 ● Herlinde Koelbl for two photographs of Wohnzimmer on page 39 ● Messe- und Ausstellungs-GmbH for photographs on page 133 ● Ostseebad Damp GmbH & Co KG for photographs on page 114 ● Prenzel-IFA for photograph H on page 99 ● Wolfgang Staiger for photographs on page 58 ● Helmut Tecklenburg for 'Die Wassermühle' on page 43 ● Tourist Information, Hamburg, for photographs 2, 4, 5 and 6 on page 138 ● Villeroy & Bosch for photograph (a) on page 40 and (b) on page 41 ● Sporting Pictures UK Ltd for photograph on page 12
All other photographs by Wolfgang Isser

Artwork (including maps and tables)
Color-Dia-Verlag for map on page 137 ● Klaus Hein Fischer for illustration on front cover and on page 136 ● Globus Kartendienst GmbH for tables on pages 20, 61 and 134 ● Hamburg-Information GmbH for 'Alle Wege nach Hamburg' on page 149 ● Hamburger Verkehrsverbund for diagram on page 147 ● Hapag-Lloyd AG for illustration on pages 78 and 79 ● Marie Marcks for illustration on page 97 ● Günther Marks for illustration on page 84 © Otto Maier Verlag, Ravensburg, taken from the game 'Elexikon' ● Ring Deutscher Makler for table on page 47 ● Paul Schwarz for illustration on page 98 ● Walt Disney Productions Ltd for Mickey Mouse cartoon strip on page 124
All other illustrations by Joachim Schuster and Ruth Kreuzer

Text Materials
ABR, Munich, for text on page 114 ● Wolfgang Ebert for text on page 115 ● Gruner & Jahr for text on pages 58 and 97 ● Jugendscala for text on page 76 ● Redaktion Mosaik for text on page 155 ● Reinhard Schober for text on page 96 ● Süddeutsche Zeitung for text on page 134.

Every attempt has been made to contact copyright holders, but we apologise if any have been overlooked.

CONTENTS

KEY TO SYMBOLS

 Material
on cassette

 Listening
comprehension

 Material for
reading

 Consolidation
exercise

 Cross-reference to
Grammar Summary
(pp. 156–71)

1.

 ○ | Guten Tag, | mein Name ist ...
ich heiße ... | □ | Guten Tag, | mein Name ist ...
ich heiße ...

2.

○ Entschuldigung, | sind Sie Herr Meyer?
(Frau/Fräulein Meyer?)
heißen Sie Meyer?
Ja. | □ Nein, | ich bin
ich heiße
mein Name ist | Peter Miller.
(Linda Young.)

3.

 ○ | Mein Name ist
Ich heiße | Gareth Evans. | □ Wie bitte?
Entschuldigung, wie heißen Sie?

○ Ga-reth   E-vans.   □ Ich verstehe nicht. Buchstabieren Sie bitte!

○ G - a - r - e - t - h

A B C D E F G H I J K L M N O P Q R S T U V W X Y Z

○ Entschuldigung, | sind | Sie ...?
 | heißen |

 Und ist das | Frau ...?
○ | Herr ...?
 | Fräulein ...?

□ Nein, | ich ...
 | mein Name ...
 (Ja.)

□ Ja.
 (Nein, das ist ...)

P. 156, 1a–c
+ 157, 2

Guten Morgen, Frau/Herr/Fräulein ...
○ Wie geht es Ihnen?
 (Wie geht's?)

 Danke. Auch gut.
○ (Es geht.)
 (Auch nicht so gut.)

Danke, | gut.
□ | (es geht.)
(Nicht so gut.)
Und Ihnen?

P. 156, 1d

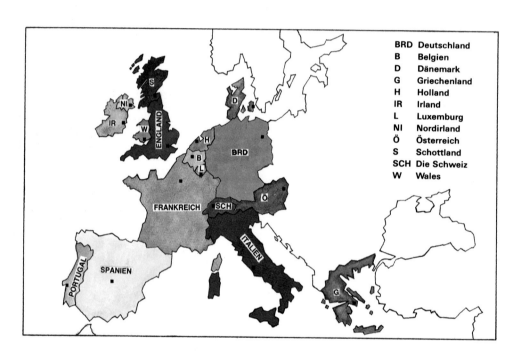

Land	Hauptstadt	Land	Hauptstadt	Land
Belgien	Brüssel	Italien	Rom	Australien
Dänemark	Kopenhagen	Luxemburg	Luxemburg	USA
Deutschland	Berlin	Nordirland	Belfast	Kanada
England	London	Portugal	Lissabon	
Frankreich	Paris	Österreich	Wien	
Griechenland	Athen	Schottland	Edinburgh	
Holland	Den Haag	Schweiz	Bern	
Irland	Dublin	Spanien	Madrid	
		Wales	Cardiff	

Großbritannien = England + Schottland + Wales
Das Vereinigte Königreich = England + Schottland + Wales + Nordirland

1. Ergänzen Sie.

a) ○ Guten Tag, mein Name _ist_ Becker.
   □ Guten Tag, ich _____ Wagner.

b) ○ Entschuldigung, sind Sie Herr Meier?
   □ Nein, mein Name _____ Becker.

c) ○ Ich heiße Martin Smith.
   □ Wie bitte? Wie _____ Sie?
   ○ Martin Smith.
   □ Ich _____ nicht.
   _____ Sie bitte!
   ○ S - M - I - T - H

d) ○ Wie _____ Ihr Name?
   □ Ronald Brooke.
   ○ _____ Sie aus Australien?
   □ Nein, _____ Großbritannien.

2. Ergänzen Sie. Heißen oder kommen?

a) | Linda ⟩ _heißen,_ | d) | Klaus Berg ⟩ |

b) | Herr Braun ⟩ | e) | aus Irland ⟩ |

c) | aus Wales ⟩ | f) | Brooke ⟩ |

3. Ergänzen Sie.

-e -en sind
bin ist

a) ○ Entschuldigung, wie heiß _en_ Sie?
   □ Ich _bin_ Linda.
   ○ Wie bitte?
   □ Mein Name _____ Linda Young.
   Und wer _____ Sie?
   ○ Ich _____ Gareth Evans.
   Ich komm _____ aus Wales. Und Sie?
   □ Ich komm _____ aus Schottland.
   ○ Und wer _____ das?
   □ Das _____ Frau und Herr Miller.
   ○ Woher komm _____ sie?
   □ Sie komm _____ aus England.

Das ist Steffi Graf. Woher kommt sie?

B2

1. Wer ist das?

Das ist Maria Theresia.
Sie kommt aus Österreich.

G

C

A

D

B

*Wer ist das? –
Woher kommt sie?*

E

F

H

Das sind Dick und Doof.
Sie kommen aus USA.

*Kleopatra. –
Aus Ägypten.*

Das ist Willy Brandt.
Er kommt
aus Deutschland.

○ Wer ist das?		□	Das	ist ...
				sind ...

○	Ist	das ...?	□	Nein,	das	ist ...
	Sind			Ja,		sind ...

P. 156, 1d
+ 157, 2

○ Woher	kommt ...?	□	Er	kommt	aus ...
	kommen ...?		Sie	ist	
			Sie	kommen	
				sind	

(Aus ...)

○	Kommt	...	aus ...?
	Kommen		

□ Nein, aus ...
(Ja.)
(Das weiß ich nicht.)

2. Ergänzen Sie.

    ○   Entschuldigung, —————— das Herr Stevens?

    □   Nein, das —————— Peter Miller.

                 Er komm —————— aus USA.

    ○   Komm —————— er aus New York?

    □   Nein, er —————— aus Boston.

        Und woher komm —————— Sie?

    ○   Ich komm —————— aus Irland.

3. Ihre Grammatik: Ergänzen Sie.

	ich	du	Sie	er (Peter)/sie (Luisa)	sie (Peter und Luisa)
kommen	*komme*				
heißen					
sein					

4. Bilden Sie Sätze.

a) | aus Belgien? ⟩ kommen | (Sie) *Kommen Sie aus Belgien?*

   | aus Holland ⟩ kommen | (ich) *Nein, ich komme aus Holland.*

b) | Woher? ⟩ kommen | (er) ——————————————————————— ?

   | aus Italien ⟩ kommen | (Er) —————————————————————————

c) | Wie? ⟩ heißen | (sie) ——————————————————————— ?

   | Young ⟩ heißen | (sie) —————————————————————————

d) | Peter? ⟩ heißen | (Sie) ——————————————————————— ?

   | Martin ⟩ heißen | (ich) *Nein,* —————————————————————

Ihre Grammatik: Ergänzen Sie.

	Inversions-signal	Subjekt	Verb	Subjekt	Angabe	obligatorische Ergänzung
a)			*Kommen*	*Sie*		*aus Belgien?*
		Ich	*komme*			*aus Holland.*
b)						
c)						
d)						

5. Fragen Sie.

a) _Wie_ heißen Sie? Richard. e) _____ sind Sie? Franz Müller.

b) _____ er aus Wales? Nein. f) _____ kommen Sie? Aus Italien.

c) _____ kommen Sie? Aus Spanien. g) _____ heißen Sie? Kaiser.

d) _____ ist das? Das ist Helga. h) _____ das Jürgen? Nein.

6. Was paßt zusammen?

A	Das ist Herr Meyer.				a	Aus Paris.		A	2c, 4a, 4b
B	Er kommt aus Belgien.	1	Woher kommt sie?		b	Aus Belgien.		B	
C	Das ist Fräulein Young.	2	Wer ist das?		c	Herr Meyer.		C	
D	Sie heißt Maria.	3	Wie heißt er?		d	Fräulein Young.		D	
E	Sie kommt aus Paris.	4	Woher kommt er?		e	Peter Miller.		E	
F	Er heißt Peter Miller.	5	Wie heißt sie?		f	Maria.		F	

7. Welche Antwort paßt?

a) *Heißt er Becker?*
   - A Nein, er heißt Wagner.
   - B Nein, Becker.
   - C Ja, er heißt Wagner.

b) *Woher kommen Sie?*
   - A Er kommt aus Griechenland.
   - B Ich komme aus Australien.
   - C Sie kommen aus Luxemburg.

c) *Wie heißen sie?*
   - A Sie heißt Linda.
   - B Nein, sie heißen Linda und Gareth.
   - C Sie heißen Linda und Gareth.

d) *Wie heißen Sie?*
   - A Ich heiße Maria.
   - B Er heißt Richard.
   - C Sie heißt Linda.

e) *Woher kommt sie?*
   - A Sie ist aus Österreich.
   - B Er kommt aus Spanien.
   - C Sie sind aus Irland.

f) *Kommt sie aus Wien?*
   - A Ja, sie ist aus Wien.
   - B Nein, sie kommen aus Wien.
   - C Sie sind aus Wien.

8. Was können Sie auch sagen?

a) *Woher kommt sie?*
   - A Woher kommen Sie?
   - B Woher ist sie?
   - C Woher sind Sie?

b) *Ich heiße Thomas.*
   - A Ich komme aus Berlin.
   - B Ich bin aus Deutschland.
   - C Mein Name ist Thomas.

c) *Kommt er aus England?*
   - A Er kommt aus England.
   - B Woher kommt er?
   - C Ist er aus England?

d) *Kommen Sie aus Großbritannien?*
   - A Sind Sie aus Großbritannien?
   - B Woher kommen Sie?
   - C Kommt sie aus Großbritannien?

e) *Wer ist aus Dublin?*
   - A Wer kommt aus Dublin?
   - B Kommt er aus Dublin?
   - C Woher kommt er?

f) *Heißt sie Anne Sommer?*
   - A Ist das Anne Sommer?
   - B Wie heißt sie?
   - C Wer ist Anne Sommer?

B3

1 Zahlen: 0–100

0: null				
1: eins	10: zehn	100: (ein)hundert	11: elf	21: einundzwanzig
2: zwei	20: zwanzig		12: zwölf	22: zweiundzwanzig
3: drei	30: dreißig		13: dreizehn	23: dreiundzwanzig
4: vier	40: vierzig		14: vierzehn	24: vierundzwanzig
5: fünf	50: fünfzig		15: fünfzehn	25: fünfundzwanzig
6: sechs	60: sechzig		16: sechzehn	26: sechsundzwanzig
7: sieben	70: siebzig		17: siebzehn	27: siebenundzwanzig
8: acht	80: achtzig		18: achtzehn	28: achtundzwanzig
9: neun	90: neunzig		19: neunzehn	29: neunundzwanzig

○ Kaufmann.
    □ Wer ist da bitte?
○ Kaufmann.
    □ Ist da nicht zweiunddreißig –
       sechsunddreißig – zwanzig?
○ Nein, hier ist zweiundvierzig –
   sechsundfünfzig – zwanzig.
    □ Oh, Entschuldigung.
      Auf Wiederhören.

Spielen Sie den Dialog.

○ . . .

□ Wer ist da bitte?

○ . . .

□ Ist da nicht . . .?

○ Nein, hier ist . . .

□ Oh, Entschuldigung.
Auf Wiederhören.

○ 1. Sager   42 56 99
   2. Fotokopien Brigitte Lang   96 85 29
   3. Franz Fuchsgruber   93 61 73
   4. Horst Freund   96 82 25
   5. Taxi Stöhr   96 88 80

□ anrufen:

1. Heinz Meyer   32 66 99
2. Otto Kreuzer   96 85 27
3. Maria Müller   96 62 73
4. Lisa u. Karl Bode 96 82 24
5. Waltraud Lang   96 88 75

1. Wie viele Wörter finden Sie?

K	O	M	M	E	N	M
G	U	T	E	N	F	O
A	N	D	H	E	R	R
U	A	R	E	I	A	G
C	M	E	I	N	U	E
H	E	I	S	S	E	N

Lösung von Seite 13:

Kleopatra (Ägypten), Napoleon (Frankreich), Karl Marx (Deutschland), Friedrich Engels (Deutschland), Heinrich Heine (Deutschland), Drakula (Transsylvanien), Marilyn Monroe (USA), Pablo Picasso (Spanien)

2. Was heißt das?

1. A E M N = Name
2. E G N T U A B D E N =
3. E G N T U E G M N O R =
4. A F R U =
5. A D E K N =
6. E E H I S S N =
7. D E E E E H I N R S W =

3. Wieviel ist das?

1. vierzig + drei + acht = ?
2. sieben + zehn + vier = ?
3. sechzig – zwanzig = ?
3. achtzehn – zwölf + drei = ?
5. sechsunddreißig – fünfzehn = ?
6. vier + dreizehn + vierundzwanzig = ?
7. siebenundsiebzig – neununddreißig = ?

4. Was paßt nicht?

1. du – heißen – Sie – wie?
2. aus – kommen – Sie – woher?
3. ist – Meier – bin – mein – Name.
4. heiße – ich – komme – Meier.
5. ich – komme – nicht – verstehe.

1. Woher kommen Sie?

1. Hören Sie den Dialog.

2. Beantworten Sie dann:

a) Wie heißt sie?

   Peters │ Salt │ Fischer

b) Ist sie aus . . .?

   Bristol │ München │ Deutschland

c) Wie heißt er?

   Linda │ Rolf │ Peter

2. Schreiben Sie fünf Dialoge.

> Woher kommen Sie? Ich bin Gareth Evans. Aus Paris. Und Sie?
>
> Entschuldigung, heißen Sie Brooke? Guten Tag, Frau Sommer. Wie geht es Ihnen?
>
> Wie bitte? Wie heißen Sie? Gareth Evans. Danke, es geht.
>
> Ja, das ist er. Nein, mein Name ist Kraus. Aus Bonn. ~~Entschuldigung, ist das Herr Baum?~~

a) ○ *Entschuldigung, ist das Herr Baum?*   d) ○
   □   □

b) ○   ○
   □   e) ○

c) ○   □
   □   ○

3. Schreiben Sie.

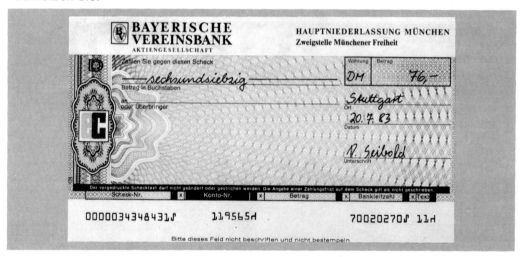

a) *siebenundvierzig* _____ DM 47,–   h) _____ DM 21,–
b) _____ DM 88,–   i) _____ DM 55,–
c) _____ DM 31,–   j) _____ DM 93,–
d) _____ DM 19,–   k) _____ DM 24,–
e) _____ DM 33,–   l) _____ DM 66,–
f) _____ DM 52,–   m) _____ DM 17,–
g) _____ DM 13,–   n) _____ DM 95,–

Köln

Brehmweg

12

Lore und Bernd

... Programmierer

... Grafikerin

Bäcker   Krankenschwester   Student   Mechaniker   Bauer   Ingenieur

1. Was sind Sie von Beruf?

Ich bin Lehrerin. Und was sind Sie von Beruf?

Ich bin Angestellter. Und Sie?

Ich bin...

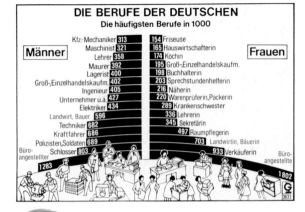

DIE BERUFE DER DEUTSCHEN
Die häufigsten Berufe in 1000

Männer		Frauen
Kfz-Mechaniker **313**	**154** Friseuse	
Maschinist **321**	**165** Hauswirtschafterin	
Lehrer **358**	**174** Köchin	
Maurer **392**	**195** Groß-,Einzelhandelskaufm.	
Groß-,Einzelhandelskaufm **402**	**198** Buchhalterin	
Ingenieur **405**	**203** Sprechstundenhelferin	
Unternehmer u.ä. **427**	**216** Näherin	
Elektriker **434**	**220** Warenprüferin,Packerin	
Landwirt, Bauer **596**	**289** Krankenschwester	
Techniker **682**	**336** Lehrerin	
Kraftfahrer **686**	**345** Sekretärin	
Polizisten,Soldaten **689**	**497** Raumpflegerin	
Schlosser **803**	**703** Landwirtin, Bäuerin	
	933 Verkäuferin	

Büro-angestellter **1283**   **1802** Büro-angestellte

2. Wie heißt er?

a) Wie heißt er/sie?   c) Was ist er/sie von Beruf?
b) Wie alt ist er/sie?   d) Wo wohnt er/sie?

Werner Borghardt, Hamburg,
Kaufmann, 62 Jahre

Heinrich Gruber, München, Kunsthändler, 34 Jahre
Wynn Hopper, London, Bankangestellte, 23 Jahre

Doris Brecht, Berlin,
Verkäuferin, 38 Jahre

P. 158, 2

1 Hans Siemers
Ingenieur

2 Jan van Groot
Programmierer

3 Anton Becker
Kaufmann

4 Rita Kurz
Sekretärin

5 Jochen Pelz,
Werner Beil
Schlosser

6 Paul Schäfer
Mechaniker

Müller & Co.

7 Margot Schulz
Telefonistin

○ Guten Tag, ist hier noch frei?
  ◻ Ja, bitte.
○ Sind Sie hier neu?
  ◻ Ja, ich arbeite hier erst drei Tage.
○ Ach so, und was machen Sie?
  ◻ Ich bin Mechaniker.
    Und Sie?
○ Ich bin Kaufmann.
  Übrigens: Ich heiße Anton Becker.
  ◻ . . .
○ . . . .

P. 158, 2

○ Ist hier frei?

◻ Ja, bitte.
  (Natürlich, bitte.)

○ Sind Sie hier neu?

◻ Ja, ich arbeite hier erst drei Tage.
  (Nein, ich arbeite hier schon vier Monate.)

○ Und was machen Sie?
  (Was sind Sie von Beruf?)

◻ Mechaniker.
  Und Sie?
  (Ich bin Mechaniker.)
  Und Sie?

○ Ich bin Kaufmann
  Übrigens, ich heiße . . .

◻ . . .

B1

Leute, Leute . . .

1. Das ist Lore Sommer.
   Sie ist Deutsche und lebt in Hamburg.
   Sie ist verheiratet und hat zwei Kinder.
   Sie ist Grafikerin.

3. Levent Ergök und seine Kollegen.
   Er ist Automechaniker bei Mannesmann
   in Essen und seit drei Jahren
   in der Bundesrepublik.
   Frau und drei Kinder sind in der Türkei,
   denn Wohnen, Essen und Trinken
   sind teuer in Deutschland.

5. Peter-Maria Glück, Schausteller, wohnt
   im Wohnwagen.
   Er ist heute in Stuttgart, morgen in Heidelberg
   und übermorgen in Mannheim.
   Er hat fünf Kinder.

7. Barbara und Rolf Link wohnen in Muri bei Zürich.
   Sie arbeiten zusammen.
   Rolf Link ist Bauer, Barbara ist Bäuerin.

Hamburg

Essen

Bundesrepublik Deutschland

Mannheim
Heidelberg

Stuttgart

Zürich

Schweiz

Ergänzen Sie.

Name	Beruf	Wohnort	Familienstand	Kinder
Lore Sommer	Grafikerin	Hamburg	verheiratet	2
Levent Ergök				
Barbara und Rolf Link				
Peter-Maria Glück				
Hildegard Reichel				

2. Das sind Monika Sager, Manfred Bode und Karla Reich.
   Sie wohnen zusammen in Berlin.
   Monika studiert Medizin,
   Manfred ist Lehrer und Karla Sekretärin.

Berlin ■

4. Hildegard Reichel ist Ingenieurin in Dresden.
   Sie arbeitet in der Produktion und leitet eine
   Gruppe von zwanzig Männern und Frauen.
   Sie hat vier Kinder.

Dresden ■

6. Das ist Klaus Henkel.
   Er ist Chemiker und arbeitet bei Siemens in Wien.
   Er ist ledig und wohnt allein.
   Er ist vierzig Jahre alt.

■
Wien

Österreich

Name	Beruf	Wohnort	Familienstand	Kinder
Monika Sager				
Manfred Bode				
Karla Reich				
Klaus Henkel				

2. Welches Wort paßt nicht?

a) 35 Jahre – 2 Stunden – 10 Tage – ~~5 Kinder~~

b) Lehrerin – Siemens – Mechaniker – Bäuerin

c) Wien – Dresden – Österreich – Stuttgart

d) Monika – Köln – Manfred – Klaus

e) Monat – Telefonistin – Schausteller – Schlosser

f) Reichel – Ertegun – Henkel – Kauffrau

g) Türkei – Schweiz – Österreich – Mannheim

h) Krankenschwester – Verkäuferin – Ali – Elektrotechniker

3. Ein Wort paßt nicht.

a) Ich bin ~~der~~ Lehrerin.

b) Wie er heißt Becker.

c) Was ist er von Beruf Mechaniker?

d) Ali ist er Automechaniker.

e) Woher kommt er aus?

f) Er ist er verheiratet?

g) Das ist das Klaus Henkel.

h) Herr Ertegun kommt er aus der Türkei.

4. ‚Wer‘, ‚Was‘, ‚Woher‘, ‚Wie‘, ‚Wo‘? Fragen Sie.

a) Herr Becker ist Kaufmann.   *Wer ist Kaufmann?*

b) Lore Sommer wohnt in Hamburg. _____

c) Klaus Henkel ist Chemiker. _____

d) Ali Ertegun kommt aus der Türkei. _____

e) Hildegard Reichel ist Ingenieurin. _____

f) Frau Reichel arbeitet in Dresden. _____

g) Er heißt Peter-Maria Glück. _____

5. Fragen Sie.

a) *Was ist er von Beruf?* _____ – Er ist Programmierer von Beruf.

b) _____ – Nein, sie heißt Maria Groß.

c) _____ – Mein Name ist Schäfer.

d) _____ – Ich bin Kaufmann.

e) _____ – Sie ist Telefonistin.

f) _____ – Nein, sie arbeitet in Hamburg.

g) _____ – Nein, er ist ledig.

h) _____ – Ja, ich studiere in Berlin.

6. Schreiben Sie einen Dialog.

Ich bin Ingenieur.   Natürlich, bitte.

Ich bin Kaufmann. Und Sie?

Nein, ich arbeite hier schon sechs Monate.

~~Guten Tag. Ist hier noch frei?~~

Und was machen Sie?   Sind Sie hier neu?

O *Guten Tag. Ist hier noch frei?*
□ _____
O _____
□ . . .

7. Ergänzen Sie. (Lesen Sie Seite 22/23.)

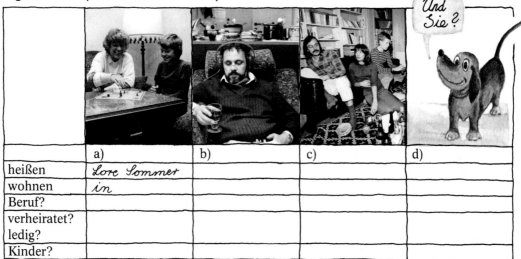

	a)	b)	c)	d)
heißen	*Lore Sommer*			
wohnen	*in*			
Beruf?				
verheiratet? ledig?				
Kinder?				

Schreiben Sie.

a) *Das ist Lore Sommer. Sie   in   . Sie ist   und*
   hat   Kinder. Sie ist _____

b) *Das ist* _____
   _____

Ebenso: c, d.

B2

1

Sie — Bekannte
und
Fremde

du — Freunde
Studenten
Familie
Kinder

○ Hallo, Ibrahim.
  ▪ Tag, Anna.
    Sag mal, was machst du denn hier?
○ Ich lerne hier Deutsch.
  Ich möchte doch in Köln Chemie studieren.
    ▪ Ach ja, richtig.
      Das ist übrigens meine Lehrerin, Frau Guldner.
        △ Guten Tag.
○ Ich heiße Anna Lee.
    △ Kommen Sie aus Hongkong?
○ Nein, aus London.
    △ Sie sprechen aber gut Deutsch.
○ Na ja, es geht.

○ Hallo, | Ibrahim.
  Tag, | . . .

□ Tag, | Anna.
  Hallo, | . . .

  Was machst du denn hier?

  Ich lerne hier Deutsch.
○ Ich möchte doch | in Köln Chemie studieren.
                  | in . . .

□ Ach ja, richtig.
  Das ist übrigens | meine Lehrerin,
                   | mein Lehrer,
                   | . . .

△ Guten Tag.
  (Tag.)

○ Ich | heiße | Anna Lee.
      | bin | . . .

△ Kommen Sie | aus Hongkong?
  Sind Sie | aus . . .

○ Nein, | aus London.
        | aus . . .
  (Ja.)

P. 157, 1a, b
+ 158, 2

△ Sie sprechen aber gut Deutsch.

○ Na ja, es geht.
  (Danke.)

1. Was machst du denn hier?

P. 30 +
P. 159, 3

○ Was | machst du | denn hier?
      | machen Sie |
  ☐ Ich lerne Spanisch.
○ Und warum?
  ☐ Ich möchte in Mexiko arbeiten.

Spanisch	....	....	....	....	....
Mexiko arbeiten	Hamburg studieren	Österreich studieren	London arbeiten	Madrid studieren	Washington wohnen

2. Was machen Sie?
Bilden Sie Dialoge.

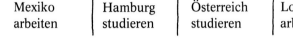

Ich arbeite in Köln.
Ich bin Sekretärin.
Und Sie?

Ich studiere Chemie.
Und was machen Sie?

Ich studiere ...

3. Wo arbeiten Sie? Wo arbeitest du?

P. 159

○ Herr Glock, wo arbeiten Sie?
  ■ In Köln.
○ Und wo wohnen Sie?
  ■ Auch in Köln.
○ Was sind Sie von Beruf?
  ■ Programmierer.

Herr Glock	Heiner	Frau Thomas	Dagmar	Frau Bär
Köln	München	Wuppertal	Düsseldorf	Oldenburg
Köln	Glonn	Solingen	Neuss	Rastede
Programmierer	Packer	Kauffrau	Lehrerin	Sekretärin

P. 159

○ Sprichst du Englisch?
    □ Nein, leider nicht.
○ Wartest du hier schon lange?
    □ Es geht. Zwei Stunden.
○ Ich komme aus Schottland.
  Und woher kommst du?
    □ Ich komme aus Bruck.
○ Wo liegt das denn?
    □ Bei Wien.
      Ich bin Österreicher.

○ Sprichst du Englisch?

□ Nein, leider nicht.
(Ja, ein bißchen.)

○ Wartest du hier schon lange?

□ Es geht. Zwei Stunden.
(Ja, schon sieben Stunden.)
(Nein, erst fünf Minuten.)

○

Ich	komme	aus	Schweden
	bin		England/Spanien
			Peru/Italien
			. . .

Und woher kommst du?

□

Ich	komme	aus	Bruck
	bin		Toulon/Burgdorf
			Arenzano/Maniza
			. . .

(Aus . . .)

○

Wo	liegt	das denn?
	ist	

□

Bei	Wien
	Marseille/Bern
	Genua/Izmir
	. . .

Ich bin	Österreicher.
	. . .

1. Ihre Grammatik: Ergänzen Sie.

a) Sind Sie hier neu?
b) Ich arbeite hier schon vier Monate.
c) Was machen Sie hier?
d) Ich verstehe nicht.

e) Ich bin Kaufmann von Beruf.
f) Sie ist erst 38 Jahre alt.
g) Ist er verheiratet?
h) Dieter arbeitet nicht in Köln.

	Inversions-signal	Subjekt	Verb	Subjekt	Angabe	obligatorische Ergänzung	Verb
a			Sind	Sie	hier	neu?	
b							
c							
d							
e							
f							
g							
h							

2. ‚Erst' oder ‚schon'?

a) Paul Schäfer ist _schon_ 52 Jahre alt, Margot Schulz _____ 28.
b) Jochen Pelz arbeitet _____ 3 Monate bei Müller & Co, Anton Becker _____ 4 Jahre.
c) Monika Sager wohnt _____ 6 Monate in Berlin, Manfred Bode _____ 5 Jahre.
d) Wartest du hier _____ lange? Nein, _____ 10 Minuten.
e) Hildegard Reichel ist _____ 10 Jahre verheiratet, Lore Sommer _____ 3 Jahre.
f) Heiner lernt _____ 2 Jahre Spanisch, Dagmar _____ 5 Monate.
g) Sind Sie _____ lange in der Bundesrepublik Deutschland? Nein, _____ 2 Monate.

3. Welche Antwort paßt?

a) *Sind Sie hier neu?*
   Ⓐ Nein, ich bin hier neu.
   Ⓑ Ja, ich bin schon zwei Monate hier.
   Ⓒ Nein, ich bin schon vier Jahre hier.

b) *Was sind Sie von Beruf?*
   Ⓐ Sie ist Telefonistin.
   Ⓑ Ich bin erst drei Tage hier.
   Ⓒ Ich bin Chemiker.

c) *Was macht Frau Beier?*
   Ⓐ Sie ist Mechanikerin.
   Ⓑ Er ist Ingenieur.
   Ⓒ Er arbeitet hier schon fünf Monate.

d) *Arbeitet sie schon sechs Monate hier?*
   Ⓐ Ja, ich bin hier erst drei Tage.
   Ⓑ Nein, sie ist hier neu.
   Ⓒ Ja, ich arbeite hier.

e) *Ist hier noch frei?*
   Ⓐ Wie heißen Sie?
   Ⓑ Ja, bitte.
   Ⓒ Nein, danke.

f) *Sind Sie Kaufmann?*
   Ⓐ Nein, Mechaniker.
   Ⓑ Natürlich, bitte.
   Ⓒ Ja, bitte.

g) *Wie alt ist Frau Brecht?*
   Ⓐ Sie ist schon 38.
   Ⓑ Er ist schon 38.
   Ⓒ Sie ist schon 38 Jahre hier.

h) *Arbeiten Sie hier?*
   Ⓐ Ich bin Schlosser.
   Ⓑ Nein, ich bin schon vier Jahre hier.
   Ⓒ Ja, schon vier Jahre.

B2

LAND	STAATSANGEHÖRIGKEIT		ADJEKTIV
	Maskulinum	**Femininum**	
Italien	Italiener	Italienerin	italienisch
USA (Amerika)	Amerikaner	Amerikanerin	amerikanisch
...	...	...	...
England	Engländer	Engländerin	englisch
...	...	...	...
Frankreich	Franzose	Französin	französisch
...	...	...	...
Türkei	Türke	Türkin	türkisch
Griechenland	Grieche	Griechin	griechisch
...	...	...	...
China	Chinese	Chinesin	chinesisch
...	...	...	...
Deutschland	Deutscher	Deutsche	deutsch

1. Studieren und arbeiten?

Amadu, der Student   . . . der Packer   . . . der Kellner

1. Hören Sie den Dialog.

2. Was ist hier richtig (r)? Was ist hier falsch (f)?

a) Amadu Maddi kommt aus Ghana.
b) Er ist Elektrotechniker von Beruf.
c) Er möchte in Ghana studieren.
d) Wohnen, Essen und Trinken sind teuer.
   Also arbeitet er in den Ferien.
e) Es gibt viel Arbeit in der Bundesrepublik Deutschland.

2. Was paßt wo? Ergänzen Sie. Bilden Sie Beispielsätze.

aus Ghana, Französisch, in Paris, ~~Bäcker~~, ~~Amadu~~, Chemie, Anna, bei Oslo,
Ingenieur, in München, Deutsch, Elektrotechnik, aus der Türkei, Türkisch, aus
(den) USA, Glock, Politik, Franzose, Krankenschwester, Lehrer, Dagmar, bei Genua,
Englisch, ~~Deutsch~~, aus China, in Kanada, Chinesisch, aus Mexiko, Studentin, Lee,
Medizin, in der Bundesrepublik Deutschland, Spanier, bei Wien, Griechin, Biologie

a) Wie? heißen / *Amadu* / ...

b) Wo? arbeiten / ...

c) Woher? kommen / ...

d) Was? sprechen / *Deutsch* / ...

e) Wo? wohnen / ...

f) Was? lernen / ...

g) Was? sein / *Bäcker* / ...

h) Wo? liegen / ...

i) Was? studieren / ...

3. Ergänzen Sie.

a) kommen – aus / wohnen – *in*
b) wohnen – Wohnort / heißen – *Name*
c) Henkel – Name / Mechaniker – _____
d) Deutsch – lernen / Chemie – _____
e) Spanisch – sprechen / Kuhn – _____
f) Bernd – Name / Österreich – _____
g) kommen – woher? / wohnen – _____
h) arbeiten – wo? / heißen – _____
i) Alter – alt / Geburtsort – _____
j) geboren – wo? / alt – _____

4. Ergänzen Sie.

a) ○ *Arbeitest* du hier bei Siemens?
  □ Ja, ich _____ hier.
  ○ Und Klaus _____ auch hier?
  □ Ja, wir _____ hier zusammen.

b) ○ _____ du hier in München?
  □ Ja, ich _____ hier.
  ○ _____ Peter und Barbara auch in München?
  □ Nein, sie _____ in Augsburg.

5. Was paßt zusammen?

	ich	du	Sie	er (Rolf)	sie (Linda)	sie (Rolf und Linda)	
a)			✕			✕	sprechen Arabisch.
b)							arbeitet nicht.
c)							bin Buchhändler.
d)							möchtest Deutsch lernen.
e)							haben zwei Kinder.
f)							kommst aus England.
g)							bist aus London.
h)							ist aus München.
i)							wohnt in Hamburg.
j)							sind aus Frankreich.
k)							möchte in Berlin arbeiten.

6. Ergänzen Sie.

	Er/Sie heißt...		Er/Sie kommt aus...	Er/Sie ist...	Er/Sie spricht...
a)	Beate Kurz	♀	der Bundesrepublik Deutschland		Deutsch
b)	Linda Salt	♀		Engländerin	
c)	Pierre Delarue	♂			Französisch
d)	Anna Mercouri	♀		Griechin	
e)	Li Enlai	♂		Chinese	
f)	Maria Rossi	♀		Italienerin	
g)	Peter Miller	♂	Amerika		
h)	Michael Johnson	♂			Englisch
i)	Ali Ertegun	♂		Türke	

♂ = männlich   ♀ = weiblich

7. Woher kommt er/sie? Schreiben Sie.

a) 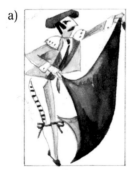 b)  c)  d)

a) Er ist Spanier.
Er kommt aus Spanien.

1

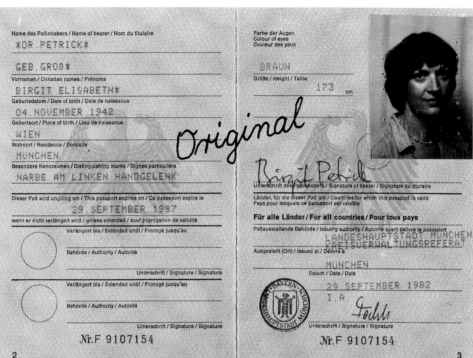

Name des Paßinhabers / Name of bearer / Nom du titulaire
DR.PETRICK

GEB.GROß*
Vornamen / Christian names / Prénoms
BIRGIT ELISABETH*
Geburtsdatum / Date of birth / Date de naissance
04 NOVEMBER 1942
Geburtsort / Place of birth / Lieu de naissance
WIEN
Wohnort / Residence / Domicile
MÜNCHEN
Besondere Kennzeichen / Distinguishing marks / Signes particuliers
NARBE AM LINKEN HANDGELENK

Dieser Paß wird ungültig am / This passport expires on / Ce passeport expire le
29 SEPTEMBER 1987
wenn er nicht verlängert wird / unless extended / sauf prorogation de validité

Verlängert bis / Extended until / Prorogé jusqu'au

Behörde / Authority / Autorité

Unterschrift / Signature / Signature

Verlängert bis / Extended until / Prorogé jusqu'au

Behörde / Authority / Autorité

Unterschrift / Signature / Signature

Nr.F 9107154

Farbe der Augen / Colour of eyes / Couleur des yeux
BRAUN
Größe / Height / Taille
173 cm

Original

Unterschrift des Paßinhabers / Signature of bearer / Signature du titulaire

Länder, für die dieser Paß gilt / Countries for which this passport is valid
Pays pour lesquels ce passeport est valable
Für alle Länder / For all countries / Pour tous pays

Paßausstellende Behörde / Issuing authority / Autorité ayant délivré le passeport
LANDESHAUPTSTADT MÜNCHEN KREISVERWALTUNGSREFERAT
Ausgestellt (Ort) / Issued at / Délivré à
MÜNCHEN
Datum / Date / Date
29 SEPTEMBER 1982
I.A.

Unterschrift / Signature / Signature

Nr.F 9107154

2   3

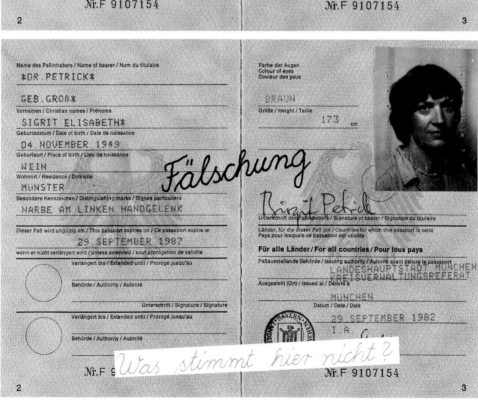

Name des Paßinhabers / Name of bearer / Nom du titulaire
DR.PETRICK

GEB.GROß*
Vornamen / Christian names / Prénoms
SIGRIT ELISABETH*
Geburtsdatum / Date of birth / Date de naissance
04 NOVEMBER 1949
Geburtsort / Place of birth / Lieu de naissance
WEIN
Wohnort / Residence / Domicile
MÜNSTER
Besondere Kennzeichen / Distinguishing marks / Signes particuliers
NARBE AM LINKEN HANDGELENK

Dieser Paß wird ungültig am / This passport expires on / Ce passeport expire le
29 SEPTEMBER 1987
wenn er nicht verlängert wird / unless extended / sauf prorogation de validité

Verlängert bis / Extended until / Prorogé jusqu'au

Behörde / Authority / Autorité

Unterschrift / Signature / Signature

Verlängert bis / Extended until / Prorogé jusqu'au

Behörde / Authority / Autorité

Nr.F 9

Farbe der Augen / Colour of eyes / Couleur des yeux
BRAUN
Größe / Height / Taille
173 cm

Fälschung

Unterschrift des Paßinhabers / Signature of bearer / Signature du titulaire

Länder, für die dieser Paß gilt / Countries for which this passport is valid
Pays pour lesquels ce passeport est valable
Für alle Länder / For all countries / Pour tous pays

Paßausstellende Behörde / Issuing authority / Autorité ayant délivré le passeport
LANDESHAUPTSTADT MÜNCHEN KREISVERWALTUNGSREFERAT
Ausgestellt (Ort) / Issued at / Délivré à
MÜNCHEN
Datum / Date / Date
29 SEPTEMBER 1982
I.A.

Was stimmt hier nicht?

Nr.F 9107154

2   3

B3

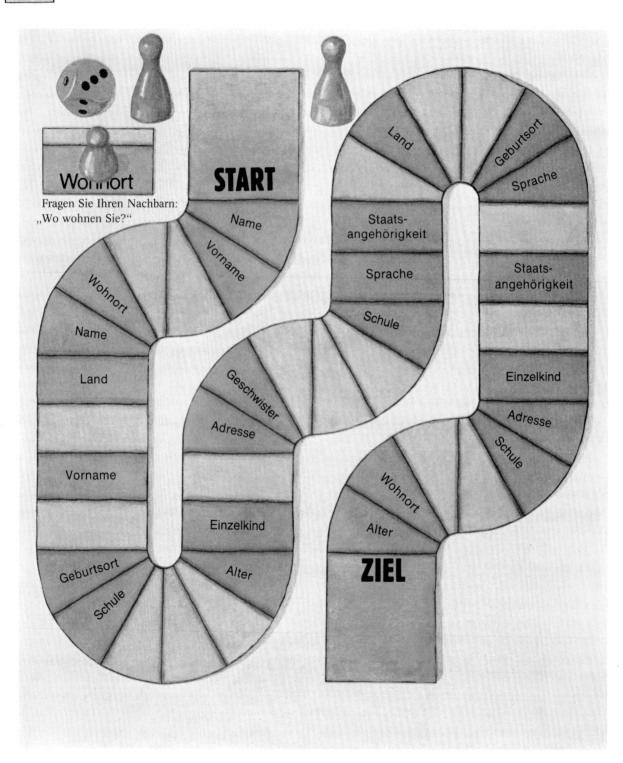

Wohnort

Fragen Sie Ihren Nachbarn:
„Wo wohnen Sie?"

START

Name

Vorname

Wohnort

Name

Land

Vorname

Geburtsort

Schule

Geschwister

Adresse

Einzelkind

Alter

Land

Geburtsort

Sprache

Staats-
angehörigkeit

Sprache

Schule

Staats-
angehörigkeit

Einzelkind

Adresse

Schule

Wohnort

Alter

ZIEL

1. Ihre Grammatik: Ergänzen Sie.

a) Sind Sie hier neu?
b) Ich lerne hier Deutsch.
c) Ich möchte hier Deutsch lernen.
d) Möchte Bernd in Köln wohnen?

e) Ali arbeitet in Essen.
f) Wo möchten Sie wohnen?
g) Lore wohnt schon vier Jahre in Hamburg.
h) Was machen Sie denn hier?

	Inversions-signal	Subjekt	Verb	Subjekt	Angabe	obligatorische Ergänzung	Verb
a)			*Sind*	*Sie*	*hier*	*neu?*	
b)							
c)							
d)							
e)							
f)							
g)							
h)							

2. Was können Sie auch sagen?

a) *Kommen Sie aus Spanien?*
  Ⓐ Arbeiten Sie in Spanien?
  Ⓑ Kommt sie aus Spanien?
  Ⓒ Sind Sie Spanierin?
  Ⓓ Woher kommen Sie?

b) *Was bist du von Beruf?*
  Ⓐ Was machst du?
  Ⓑ Sind Sie Mechaniker?
  Ⓒ Wo arbeiten Sie?
  Ⓓ Was sind Sie von Beruf?

c) *Sie kommt aus Wien.*
  Ⓐ Er wohnt in Wien.
  Ⓑ Sie wohnen in Wien.
  Ⓒ Sie ist aus Wien.
  Ⓓ Sie arbeitet in Wien.

d) *Woher sind Sie?*
  Ⓐ Wo wohnst du?
  Ⓑ Woher bist du?
  Ⓒ Wo wohnen Sie?
  Ⓓ Woher kommen Sie?

e) *Ich komme aus Wien.*
  Ⓐ Ich studiere in Wien.
  Ⓑ Ich bin aus Wien.
  Ⓒ Ich möchte in Wien wohnen.
  Ⓓ Ich arbeite in Wien.

f) *Er ist Österreicher.*
  Ⓐ Er wohnt in Österreich.
  Ⓑ Er studiert in Österreich.
  Ⓒ Er ist aus Österreich.
  Ⓓ Sie kommt aus Österreich.

g) *Was machst du?*
  Ⓐ Was bist du von Beruf?
  Ⓑ Was machst du hier?
  Ⓒ Was machen Sie?
  Ⓓ Was sind Sie von Beruf?

h) *Sind Sie Franzose?*
  Ⓐ Kommen Sie aus Frankreich?
  Ⓑ Sprechen Sie Französisch?
  Ⓒ Wohnen Sie in Frankreich?
  Ⓓ Studieren Sie in Frankreich?

3. Welche Antwort paßt?

a) *Was machst du?*
   Ⓐ Ich bin Mechaniker.
   Ⓑ Ich möchte doch Biologie studieren.
   Ⓒ Ich lerne hier Deutsch.

b) *Guten Tag. Mein Name ist Kurz.*
   Ⓐ Guten Tag. Ich bin Linda Young.
   Ⓑ Guten Tag. Ich komme aus Spanien.
   Ⓒ Guten Tag. Kommt sie aus Holland?

c) *Was machst du hier?*
   Ⓐ Ich lerne hier Deutsch.
   Ⓑ Ich bin Bäcker.
   Ⓒ Ich wohne in Bonn.

d) *Sprechen Sie Norwegisch?*
   Ⓐ Nein, lieber Schwedisch.
   Ⓑ Nein, ich spreche Schwedisch.
   Ⓒ Ja, ich lerne Schwedisch.

e) *Kommen Sie aus Indien?*
   Ⓐ Ja, ich bin Indonesierin.
   Ⓑ Ja, sie ist Inderin.
   Ⓒ Nein, aus Pakistan.

f) *Ist sie Griechin?*
   Ⓐ Ja, ich bin Grieche.
   Ⓑ Ja, aus Griechenland.
   Ⓒ Ja, sie ist aus Griechenland.

g) *Lernen Sie Portugiesisch?*
   Ⓐ Nein, ich spreche Deutsch.
   Ⓑ Nein, Spanisch.
   Ⓒ Ja, ich bin Französin.

h) *Wo wohnen Sie?*
   Ⓐ In Mailand.
   Ⓑ Aus Belgien.
   Ⓒ Mechaniker.

4. Was paßt zusammen?

A	Ist hier frei?	1	Ja, bitte.
B	Was machen Sie denn hier?	2	Ja, schon 6 Jahre.
C	Sind Sie hier neu?	3	Danke, es geht.
D	Hanau? Wo liegt das denn?	4	Nein, in Aachen.
E	Kommen Sie aus Schweden?	5	Nein, erst drei Monate.
F	Wie geht's?	6	In Dortmund.
G	Wohnen Sie auch in Köln?	7	Nein, danke.
H	Wohnst du hier schon lange?	8	Ich bin Grafikerin.
I	Möchten Sie eine Orange?	9	Ich lerne hier Griechisch.
J	Wo arbeiten Sie?	10	Nein, ich bin Norweger.
K	Was machen Sie?	11	In der Bundesrepublik.
L	Sprichst du Englisch?	12	Bei Frankfurt.
		13	Nein, ich arbeite schon 4 Monate hier.
		14	Natürlich, bitte.
		15	Nein, ich bin aus Finnland.
		16	Ja, ein bißchen.

A	B	C	D	E	F	G	H	I	J	K	L
1, 14											

5. Schreiben Sie zwei Dialoge.

Wie geht's?   ~~Hallo Anna.~~   Danke gut. Und dir?   Ich lerne hier Englisch.

Ganz gut. Was machst du denn hier?   Ganz gut. Was machen Sie denn hier?

~~Guten Tag, Herr Kurz.~~   Wie geht es Ihnen?   Guten Tag, Herr Ertegun.

Ich lerne hier Englisch.   Hallo Manfred.   Danke gut. Und Ihnen?

a) ○ *Hallo Anna.* _____
   □ _____
   ○ _____
   □ _____
   ○ _____
   □ _____

b) ○ *Guten Tag, Herr Kurz* _____
   □ _____
   ○ _____
   □ _____
   ○ _____
   □ _____

Wer schreibt mir?

Seit 2 Monaten bin ich in Prato (bei Florenz) und arbeite als Au pair Mädchen. Ich spreche nicht sehr gut Italienisch und suche deutsche und englische Freunde für Brieffreundschaft. Meine Hobbys sind: Lesen, Ski fahren, Schwimmen, Reisen. Bitte schreibt schnell (englisch oder deutsch) an:
Miriam Hansen,
c/o Umberto Rossi, Via Apulia 17,
Prato (Italien).

Ich bin 65 Jahre alt und Rentner. Von Beruf bin ich Französisch-Lehrer. Ich möchte gern weiter spanisch und französisch lesen und schreiben und suche Briefkontakte mit Spaniern und Franzosen. Schreiben Sie mir; ich antworte sofort.
Johann Schettler,
Portenstraße 21,
D–4230 Wesel 1.

Ich bin Spanier, aber ich wohne schon 20 Jahre in der Bundesrepublik. Ich suche eine deutsche Brieffreundin. Ich spreche sehr gut Deutsch und bin 28 Jahre alt. Von Beruf bin ich Bank-Kaufmann und wohne in Erkrath. Das liegt bei Düsseldorf. Meine Hobbys sind Autos und Tennis spielen. Schrei-ben Sie bitte auf deutsch. Ich antworte sofort.
Juan Ortiz Blasco,
Hildener Straße 122,
8006 Erkrath 2.

Wer möchte auch Briefe auf französisch schreiben? Ich lerne seit zwei Jahren Französisch und suche Brieffreunde. Hobbys: Gitarre spielen, Tiere, Radfahren, Sprachen lernen. Ich gehe zur Schule in Friedberg, bin ganz hübsch und 14 Jahre alt. Wer schreibt mir?
Andrea Urban,
Winnebergerstraße 4,
D-8904 Friedberg.

1. Was wissen Sie von Nyerere?

Julius Nyerere

Björn Borg

Papst Johannes Paul II.

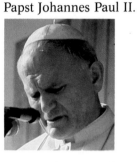

Berichten Sie über:
Geburtsort,
Staatsangehörigkeit,
Beruf,
Wohnort,
. . .

Fidel Castro

Mutter Theresa

Simone de Beauvoir

Butiama/Tanganjika   französisch   schwedisch   Havanna   Daressalam/Tansania   kubanisch

Tennisspieler   Paris   Wadowice   Politiker   Papst   Politiker   Paris   Vatikanstadt

polnisch   tansanisch   Monaco   Schriftstellerin   Södertelje   Kalkutta

Ordensschwester   Mayare/Ostkuba   jugoslawisch   Skopje/Jugoslawien

2. Wer ist das?

Personenraten: Antworten Sie nur „ja" oder „nein".

Ist sie | weiblich ?
        | männlich ?

Kommt | er | aus...?
       | sie |

Ist | er | ledig ?
    | sie | verheiratet ?

.... Ist das...?

Ja.

Nein.

25 m² Kinderzimmer

Schlafzimmer 35 m²

Kinderzimmer 29 m²

Bad 14 m²

Dachgeschoß

Einfamilienhaus
5 Zimmer, 160 m²
Miete 1190,— DM + NK
Klug, Kiefernring 5, Lollar
Tel. 06403/5229

Eßzimmer 22 m²

Wohnzimmer 60 m²

Küche 18 m²

WC

Erdgeschoß

Einfamilienhaus

4-Zimmer-Wohnung 82 m²
modernes Hochhaus,
Miete 580,— DM + NK,
Kiefernring 18, Schulze
Tel. 06403/2788 Lollar

Hochhaus

Kiefernring

Reihenhäuser

Bad 4 m²

Küche 8 m²

Schlaf- zimmer 16 m²

Kinder- zimmer 11 m²

Wohn- zimmer 22 m²

Kinder- zimmer 11 m²

Wohnung (4. Stock)

B1

1

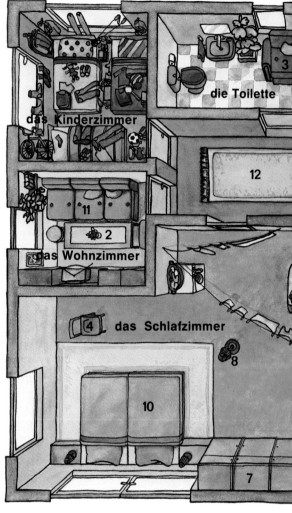

das Kinderzimmer

die Toilette

das Wohnzimmer

das Schlafzimmer

Das ist Familie Komischmann:

Herr und Frau Komischmann
und drei Kinder.
Sie haben eine Wohnung in Seltsam.
Die Wohnung ist groß:
ein Wohnzimmer, ein Schlafzimmer,
ein Kinderzimmer,
ein Eßzimmer, eine Küche,
ein Bad und eine Toilette.
Das Schlafzimmer ist groß und hell.
Das Badezimmer ist auch sehr groß.

1. Aber was ist hier komisch?

Das Wohnzimmer ist klein und dunkel.
Das Eßzimmer . . .

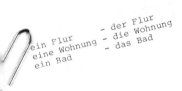

ein Flur   – der Flur
eine Wohnung – die Wohnung
ein Bad   – das Bad

1. die Badewanne
2. der Tisch
3. der Sessel
4. der Stuhl
5. das WC
6. die Dusche
7. der Schrank
8. die Lampe
9. das Waschbecken
10. das Bett
11. die Couch
12. der Teppich

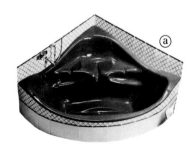

ⓐ

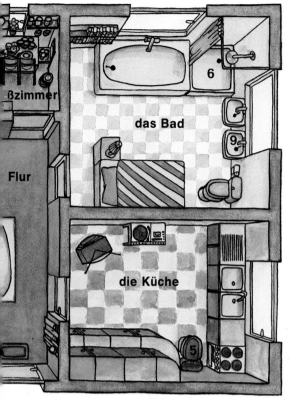

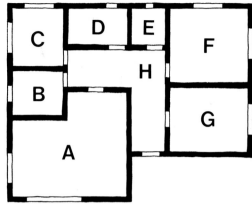

2. Was meinen Sie? Wie ist es besser?

Zimmer A ist kein Schlafzimmer,
sondern besser ein . . .
Zimmer B ist . . .

3. Wie heißt das . . .?

○ Nr. 4, wie heißt das auf deutsch?
☐ | Stuhl.
Das ist ein Stuhl.

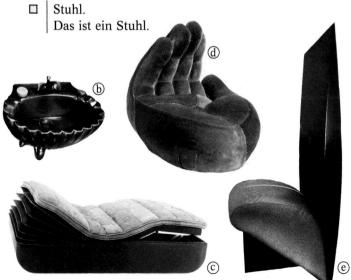

4. Was ist denn . . .?

○ Was ist denn ©?
☐ Ein Bett.
○ Das ist doch kein Bett.
☐ Doch.

P. 160, 1

5. Finden Sie hier 23 Wörter?

A	W	O	H	N	Z	I	M	M	E	R	M	N	V	W	X	F	N	T	T	O	W	A	S	C	H	B	E	C	K	E	N	D	T	I	E
R	M	L	A	W	A	E	D	T	V	B	W	O	G	V	A	M	Ö	B	E	L	P	K	S	J	T	O	ß	U	F	C	B	H	O	V	A
T	M	O	U	B	U	U	D	L	X	E	L	P	G	M	D	D	E	O	P	T	F	S	C	U	N	G	Z	Ö	L	Y	G	E	I	W	Z
Q	I	R	S	T	U	H	L	D	H	C	L	I	H	I	C	U	U	N	P	S	M	L	H	V	B	N	I	B	U	N	G	A	L	O	W
S	K	S	I	I	M	B	A	D	E	W	A	N	N	E	Y	S	M	K	I	N	D	E	R	Z	I	M	M	E	R	S	U	D	E	H	G
P	Ü	J	H	S	F	Z	Q	Y	G	F	M	Q	B	T	D	C	C	L	C	S	G	K	A	W	I	H	M	T	X	Z	F	X	T	N	Y
R	C	O	U	C	H	X	R	K	B	I	P	J	R	E	I	H	E	N	H	A	U	S	N	W	P	S	E	S	S	E	L	B	T	U	J
N	H	Q	C	H	G	B	E	T	T	J	E	T	S	Y	S	E	K	I	R	H	B	Q	K	V	Q	L	R	D	Y	A	U	W	E	N	K
O	E	D	P	Y	E	A	C	H	K	U	A	F	J	M	Z	R	Q	J	L	P	R	A	P	R	Q	M	W	X	C	Z	R	C	Y	G	Z

6. Ergänzen Sie.

a) Schlafzimmer

b) Wohnzimmer

a) Schlafzimmer:

Was ist da?	Aber da ist	Und was ist kaputt?
ein Tisch	*kein*	*der*
eine		

b) Wohnzimmer:

Was ist da?	Aber da ist	Und was ist kaputt?

‚Der' oder ‚ein', ‚die' oder ‚eine', ‚das' oder ‚ein'? Ergänzen Sie.

das Dorf	der Platz	die Mühle
die Fabrik	das Bauernhaus	die Stadt
die Wassermühle	die Kirche	das Wohnhaus

Das ist . . . Platz
in Rothenburg. Das
ist . . . Stadt in Süd-
deutschland. . . . Stadt ist
800 Jahre alt und hat
11 800 Einwohner.

Das ist . . . Bauernhaus
in Vechta. Vechta ist
. . . Stadt bei Oldenburg.
. . . Stadt hat
24 000 Einwohner.

Das ist . . . Kirche in Bayern.
. . . Kirche heißt
„Wieskirche" und liegt bei
Füssen.

Das ist . . . Fabrik
in Rüsselsheim.
Hier arbeiten 34,500 Leute.
. . . Fabrik produziert
Autos.

Das ist . . . Dorf im
Engadin. Das Engadin
liegt in der Schweiz.
. . . Dorf ist nicht sehr
groß, aber schon 500 Jahre
alt.

Das ist . . . Wassermühle
in Norddeutschland.
. . . Mühle ist jetzt . . . Wohnhaus.
Es gibt ein Zimmer,
. . . Küche und . . . Bad.

1. ‚Der‘ oder ‚ein‘, ‚die‘ oder ‚eine‘, ‚das‘ oder ‚ein‘? Ergänzen Sie.

a) ☐ Was ist Nr. 2?   ○ *Ein* ___ Schrank.
b) ☐ Kostet _____ Schrank 480,– DM?   ○ Nein, _____ Couch kostet 480,– DM.
c) ☐ Was kostet 110,– DM?   ○ _____ Tisch.
d) ☐ Nr. 5, ist das _____ Sessel?   ○ Nein, _____ Stuhl.
e) ☐ Was kostet 73,– DM?   ○ _____ Lampe.
f) ☐ Ist Nr. 7 _____ Tisch?   ○ Nein, _____ Sessel.
g) ☐ Was kostet _____ Sessel?   ○ 262,– DM.
h) ☐ Was ist Nr. 1?   ○ _____ Teppich.

2. ‚Ja‘, ‚nein‘, ‚doch‘? Ergänzen Sie.

a) Haben Sie keine Wohnung?   *Doch* ___, ich habe eine Wohnung.
b) Wohnen Sie nicht in Kassel?   _____, ich wohne in Hannover.
c) Ist das keine Couch?   _____, das ist eine Couch.
d) Ist der Tisch neu?   _____, der Tisch ist neu.
e) Ist die Wohnung nicht groß?   _____, da sind sieben Zimmer.
f) Ist das kein Sessel?   _____, das ist ein Sessel.
g) Ist da keine Badewanne?   _____, aber eine Dusche.
h) Ist das Badezimmer groß?   _____, sehr groß.
i) Sind die Stühle neu?   _____, aber der Schrank.

P. 161, 3

1. Wie finden Sie die Stühle?

Der Stuhl Nummer 1 ist praktisch. Der Stuhl Nummer 2 ist . . .

... ... Nummer 3 ist . . .   . Nummer 4 ist . . .

... ... Nummer 5 ist . . .   . Nummer 6 ist . . .

... ... Nummer 7 ist . . .   . Nummer 8 ist . . .

... ... Nummer 7 ist schön.   ... ... Nummer 4 ist häßlich.

... ...

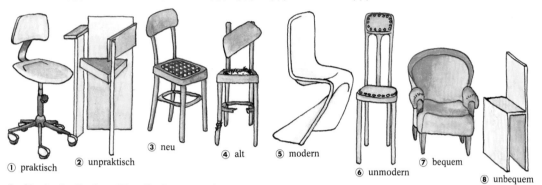

① praktisch   ② unpraktisch   ③ neu   ④ alt   ⑤ modern   ⑥ unmodern   ⑦ bequem   ⑧ unbequem

2. Und wie finden Sie die Lampen?

Ich finde, | Nummer 2 ist praktisch, aber häßlich.

... | ...

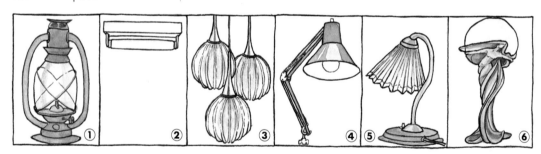

①   ②   ③   ④⑤   ⑥

3. Wie finden Sie die Frau/den Mann/das Zimmer?

○ Du, das Wohnzimmer ist phantastisch.
  ◻ Findest du?
○ Ja, sehr gemütlich,
  und die Möbel sind sehr schön.
  Sind die neu?
  ◻ Nicht alle, nur der Schrank,
    die Couch und die Stühle.
○ Die Sessel und der Tisch nicht?
  ◻ Nein, die sind alt.
○ Und die Lampe, die ist toll.
  Die gefällt mir.
  ◻ Komm, und hier ist das Bad . . .

	Das	Wohnzimmer	ist	phantastisch.
○	Der	. . .		prima.
	Die	. . .		schön.
				nicht schlecht.

◻ Findest du?

Ja,	sehr	gemütlich.
	schön	hell.
		groß.
		praktisch.
	die Möbel sind schön.	

○ Sind die Möbel neu?

Nein,	nur	der Stuhl.
Nicht alle,		die . . .
		das . . .

(Ja.)
◻

Ist	der Sessel	neu?
	die . . .	
	das . . .	

○

(Ja.)
Nein, aber | der Stuhl.
           | die . . .
           | das . . .

Und	die Lampe, die	ist	toll.
	der Sessel, der		phantastisch.
	das Bett, das		. . .
○			
Die	gefällt mir.		
Der			
Das			

◻ Komm, und hier ist | das Bad.
                     | . . . . . .

Wohnen in der Bundesrepublik Deutschland

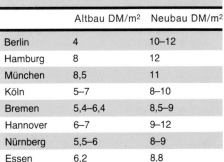

	Land	Währung	Ankauf 7.9.82	Verkauf 7.9.82
	Australien	1 A $	2,250	2,500
	Belgien	100 bfrs	4,800	5,050
	Dänemark	100 dkr	27,250	29,250
	England	1 £ stg	4,230	4,380
	Irland	1 £	3,350	3,550
	Finnland	100 Fmk	50,750	52,750
	Frankreich	100 FF	34,500	36,500
	Griechenland	100 Dr	3,000	4,000
	Japan	100 Yen	0,900	0,930
	Italien	1000 Lit	1,740	1,840
	Jugoslawien	100 Din	3,600	4,600
	Kanada	1 can $	1,950	2,050
	Luxemburg	100 lfr	4,800	5,050
	Niederlande	100 hfl	90,000	92,000
	Norwegen	100 nkr	35,000	37,000
	Österreich	100 ÖS	14,130	14,360
	Portugal	100 Esc	1,500	3,000
	Schweden	100 skr	39,000	41,000
	Schweiz	100 sfrs	116,250	119,250
	Spanien	Ptas	2,130	2,280
	Türkei	100 T £	1,400	2,000
	U.S.A.	1 US $	2,430	2,530
	Goldmünzen			
	+ zuzüglich derz. MWST			

RDM Preisspiegel
für Wohnungsmieten
(Stand Frühjahr 1984)

A. Großstädte über 500 000 Einwohner

	Altbau DM/m²	Neubau DM/m²
Berlin	4	10–12
Hamburg	8	12
München	8,5	11
Köln	5–7	8–10
Bremen	5,4–6,4	8,5–9
Hannover	6–7	9–12
Nürnberg	5,5–6	8–9
Essen	6,2	8,8

B. Großstädte unter 500 000 Einwohner

	Altbau DM/m²	Neubau DM/m²
Kassel	4,5–5,5	6–6,5
Flensburg	5–6,5	7–8
Würzburg	4,5	7,5
Bonn	7	8–9
Oldenburg	4–5,5	6–8
Lübeck	6–7	9
Ludwigshafen	3,8–5	6,2–7
Freiburg	5,5	6,5

RDM = Ring deutscher Makler

1. Wo ist Wohnen teuer/billig?
2. Wieviel kostet eine Altbauwohnung mit 80 m² in München, Würzburg, Essen, . . . ?
3. Wieviel kostet eine Neubauwohnung mit 80 m² in München, . . . ?
4. Wieviel ist das in £, US $, . . . ?

Zahlen 100 – 1 000 000

100: (ein)hundert	400: . . .	1000: (ein)tausend	10 000: zehntausend
200: zweihundert	500: . . .	2000: . . .	100 000: hunderttausend
300: dreihundert	600: . . .	3000: . . .	1 000 000: eine Million
321: dreihundert-einundzwanzig	685: sechshundert-fünfundachtzig	3277: . . .	2 000 000: zwei Millionen
	700: . . .	4000	2 536 842: . . .
	800: . . .		
	900: . . .		
	933: . . .		

ZU VERMIETEN

Wohnungen

2-ZW, 69 m² Wfl. in Frankfurt zu verm., Miete DM 430,– + NK. Mo.-Fr. 9-13 Uhr. Tel. 06198/9053 ①

Heusenstamm, 2-ZW, 70 m², Blk., Tiefgarage, Abstellplatz, DM 570,– + NK 170,– Tel. 06104/1251 ②

Zimmer

1-ZW. Westend, 17,5 m², Kochni., Tel., DM 220,– + NK z. 1.12. Tel. 748636, 10-12 und 18-20 Uhr ①

Frankfurt, Dahlmann-str., neu möbliertes Zi. m. Kü.-Ben., Bad/WC, an Herrn, DM 240,– / DM 39,– + 1 x Kt. Tel. 06194 / 32741 ②

Häuser

Urberach, 1-Fam.-Hs., 220 m² Wfl. mit all. Komf., 8 Zi., ca. 700 m² Garten, Terr., Garage DM 1.650,–/NK/Kt. Paul Immobilien, Rödermark, Tel. 06074/67395 ①

Bad Homburg, exkl. Reihenhaus. 150 m² Wfl., 6 Zi., Küche, 2 Bäder, sep. WC, Terrasse, Garage, DM 1.200.– Kaltmiete Immobilien TRON, Tel. 06081/7450

1 Fam.-Hs., Hofheim, 135 m², Frankfurt 20 km, DM 1.200,– + NK u. Kt. Klopprogge Immobilien, Tel. 06192/8077 ②

Bungalows

Bungalow, 4 Zi., Küche, 2 Bäder, wertvoll exkl. möbliert, 170 m² Wfl., sof., DM 4.000,–, Zuschriften unter FR 300604 **Bungalow** in Nidda, sehr exkl. mit gr. Schwimmhalle usw. DM 5.000,– **Bartel + Kleinath GmbH + Co. KG.** Immobilien 590522/590864 ①

Glashütten/Ts., 1 Fam.-Bungalow von Priv. zu verm., 4 Zi., Diele, Küche, Bad, 2 WC, 120 m² Wfl., Tel. 63784 ②

Frankfurt, 3 Zi., 96 m² Wfl., Du., WC, ca. 50 m² Terr., Garten, Garage, DM 1.500,– + KT./NK. Tel. 0611/316317

Zi = Zimmer

Wfl. = Wohnfläche

1 Fam.-Hs. = Einfamilienhaus

2-ZW = 2-Zimmer-Wohnung

NK = Nebenkosten

Kt. = Kaution

	Wo?	Wieviel Zimmer?	Wie groß?	Wie teuer?
Wohnung 1	Frankfurt	2	69 m²	430,– DM
Wohnung 2				
Haus 1				
Haus 2				
Bungalow 1	–	4, 1 Küche, 2 Bäder	170 m²	4000,– DM
Bungalow 2				
Zimmer 1				
Zimmer 2				

Beschreiben Sie:

Die Wohnung 1 liegt in Frankfurt/Main und hat 2 Zimmer.
Sie ist 69 m² (Quadratmeter) groß und kostet 430,– DM (Mark).

Die Wohnung . . . liegt in . . . und hat . . .
Das Haus . . .
Der Bungalow . . .
Das Zimmer . . .

Der Bungalow . . . Er ist . . .
Die Wohnung . . . Sie ist . . .
. . . Es ist . . .
Das Haus

P. 160, 2

2 Zi-Whg., Bad, ruh. Lage
Tel.: 968583, 16-18 Uhr

P. 160, 2

○ Koch. Guten Tag.
Die Wohnung in der Zeitung, ist die noch frei?

☐ Ja.
○ Prima, wie groß ist die Wohnung denn?
   ☐ 62 Quadratmeter.
○ Aha. Und was kostet sie?
   ☐ 480,– Mark.
○ Und wo liegt die Wohnung?
   ☐ In Altona, Bachstraße 5.
○ Gut.
Ich möchte sofort kommen.
Geht das?
   ☐ Ja. Aber drei Leute sind schon hier.

☐ Nein. Sie ist leider schon weg.
○ Oh schade.
Vielen Dank.
Auf Wiederhören.

Der Bungalow kostet ...   Der/Er ist ...
Die Wohnung ist ...   Die/Sie ist ...
Das Zimmer kostet ...   Das/Es ist ...

				☐ Ja.
Die Wohnung	in der Zeitung, ist	die	noch frei?	
○ Das Haus		das		
Der Bungalow		der		

		☐	62	Quadratmeter.
○ Wie groß ist	die Wohnung?			
Wieviel Quadratmeter hat	...		...	

		☐	480,–	Mark.
Was kostet	sie?			
○ Wie teuer ist	es?		...	
	er?			

○ Wo liegt die Wohnung?
(Wie ist die Adresse?)

☐ In Altona, Bachstraße 5.
(Altona, Bachstraße 5.)

1. Ihre Grammatik: Ergänzen Sie.

	Artikel + Nomen	Definitpronomen	Personalpronomen
Maskulinum	der Bungalow	der	
Femininum	Wohnung		
Neutrum	Zimmer		es

2. Was können Sie auch sagen?

a) *Das Zimmer ist 20 Quadratmeter groß.*
   Ⓐ Das Zimmer ist sehr groß.
   Ⓑ Das Zimmer hat 20 Quadratmeter.
   Ⓒ Das Zimmer ist nur 20 Quadratmeter groß.

b) *Das Zimmer ist noch frei.*
   Ⓐ Das Zimmer ist schon weg.
   Ⓑ Das Zimmer, ist das noch frei?
   Ⓒ Das Zimmer ist noch nicht weg.

c) *Wie teuer ist die Wohnung?*
   Ⓐ Ist die Wohnung teuer?
   Ⓑ Wieviel kostet die Wohnung?
   Ⓒ Wieviel kostet es?

d) *Die Wohnung ist toll.*
   Ⓐ Ich finde, die Wohnung ist teuer.
   Ⓑ Die Wohnung ist sehr modern.
   Ⓒ Die Wohnung ist phantastisch.

e) *Der Tisch ist nicht neu, nur die Sessel.*
   Ⓐ Der Tisch ist alt, nur die Sessel nicht.
   Ⓑ Der Tisch ist alt, die Sessel auch.
   Ⓒ Nur die Sessel sind alt, der Tisch nicht.

f) *Wo liegt die Wohnung?*
   Ⓐ Wo ist die Wohnung?
   Ⓑ Wie liegt die Wohnung?
   Ⓒ Wie ist die Wohnung?

3. Welche Antwort paßt?

a) *Und wie finden Sie die Couch?*
   Ⓐ Ja, sehr gemütlich.
   Ⓑ Die ist sehr gemütlich.
   Ⓒ Doch, sie ist sehr gemütlich.

b) *Und der Tisch, ist der neu?*
   Ⓐ Nicht alle, nur der Tisch.
   Ⓑ Nein, aber der Stuhl.
   Ⓒ Doch, der Tisch ist auch neu.

c) *Ich finde, der Stuhl ist unbequem.*
   Und Sie? Finden Sie das auch?
   Ⓐ Doch, der Stuhl ist unbequem.
   Ⓑ Nein, der Stuhl ist auch unbequem.
   Ⓒ Ja, der Stuhl ist nicht sehr bequem.

d) *Wie sind die Möbel?*
   Ⓐ Die sind unmodern.
   Ⓑ Die kosten 830,– DM.
   Ⓒ Die sind noch frei.

e) *Ist die Wohnung noch frei?*
   Ⓐ Oh, schade.
   Ⓑ Ich möchte sofort kommen.
   Ⓒ Ja, aber drei Leute sind schon hier.

f) *Wo liegt die Wohnung denn?*
   Ⓐ Vier Leute sind schon hier.
   Ⓑ Sie ist leider schon weg.
   Ⓒ In der Kirchenstraße.

g) *Ich möchte sofort kommen.*
   Geht das?
   Ⓐ Ja, ich möchte auch kommen.
   Ⓑ Ja, noch sind keine Leute hier.
   Ⓒ Ja, die Wohnung kostet 450,– DM.

h) *Wie ist der Bungalow?*
   Ⓐ Vielen Dank.
   Ⓑ Sehr lange.
   Ⓒ Sehr häßlich.

4. Schreiben Sie.

a) Schrank – Lampe

    ○ *Ist der Schrank neu?*   □ *Nein, der ist alt.*

    ○ *Und die Lampe?*   □ *Die auch.*

    Ebenso: b) Bett – Tisch,   c) Sessel – Couch   d) Stühle – Schrank   e) Teppich – Lampe

b) ○ Ist *das Bett* neu?   □ Nein, _____ ist alt.

    ○ Und _____?   □ _____ auch.

c) ○ Sind _____ bequem?   □ Nein, _____ sind unbequem.

    ○ Und _____?   □ _____ auch.

d) ○ Sind _____ schön?   □ Nein, _____ sind häßlich.

    ○ Und _____?   □ _____ auch.

e) ○ Ist _____ neu?   □ Nein, _____ ist alt.

    ○ Und _____?   □ _____ auch.

5. Ergänzen Sie.

die Wohnung	das	~~es~~	er	das Zimmer	die	es	der
~~das~~	sie	~~das Appartement~~	es		sie	er	der Bungalow	~~es~~

a) ○ *Das Appartement* in der Zeitung, ist ____*das*____ noch frei?

                                 □ Ja.

   ○ Wie groß ist ____*es*____ denn?

                                 □ 56 Quadratmeter.

   ○ Und was kostet ____*es*____?

                                 □ 236,– DM.

b) ○ _____ in der Zeitung, ist _____ noch frei?

                                 □ Nein, _____ ist leider schon weg.

   ○ Schade.

c) ○ _____ in der Zeitung, ist _____ noch frei?

                                 □ Ja.

   ○ Wieviel Zimmer hat _____ denn?

                                 □ Vier Zimmer, Küche, Bad.

   ○ Und was kostet _____?

                                 □ 1200,– DM.

d) ○ _____ in der Zeitung, ist _____ noch frei?

                                 □ Ja.

   ○ Und was kostet _____?

                                 □ 420,– DM.

   ○ Und wo ist _____?

                                 □ In Dortmund-Hambruch, Heisterstr. 5.

B3

P. 161, 4

*Wir suchen ein neues Haus.
Wir haben eins in Bruchköbel.
Es liegt sehr schön. Es hat
fünf Zimmer: das sind 98 Quadratmeter.
Aber es kostet 1200,– DM.
Das ist sehr teuer,
ich verdiene nur 2900,– DM im Monat.
Ich arbeite in Frankfurt,
das ist 20 Kilometer von Bruchköbel.
Die Verkehrsverbindungen
– Bus, Bahn und auch Auto –
sind sehr schlecht.
Und dann gibt es hier nur
wenige Geschäfte.*

5 Personen (3 Kinder)
2900,– DM pro Monat.
Herr Werner ist Automechaniker,
Frau Werner ist Hausfrau.

1. Was ist für Herrn Werner

positiv (+)	negativ (−)?
liegt sehr schön	. . .
. . .	. . .

*Wir wohnen in Frankfurt,
in Sachsenhausen.
Die Wohnung ist schön
und nicht zu teuer.
Sie ist aber sehr klein,
nur drei Zimmer.
Hier ist zwar alles nicht weit,
Schule, Geschäfte, Kinos und so weiter.
Aber die Wohnung ist leider sehr laut,
sie liegt direkt
im Stadtzentrum.*

2. Was ist für Frau Krause

positiv (+)	negativ (−)?
nicht teuer	. . .
. . .	. . .

3 Personen (1 Kind)
4300,– DM pro Monat.
Herr und Frau Krause arbeiten beide.
Sie ist Lehrerin, er ist Ingenieur.

3. Suchen Sie eine neue Wohnung oder ein Haus für Familie Werner und Familie Krause.
Lesen Sie die Anzeigen auf S. 47.

5. Was paßt zusammen?

○ *Die Wohnung ist toll.*
□ *Das finde ich auch.*
○ _____
□ _____
○ _____
□ _____
○ _____
□ _____
○ _____
□ _____
○ _____

Und wie sind die Verkehrsverbindungen hier?   Sag mal: Sind die Möbel neu?

Nur 220 Mark.   Wieviel kostet die denn?   ~~Das finde ich auch.~~

Nein, nur die Sessel.   Die sind sehr schön und auch bequem.   Nicht so gut.

~~Die Wohnung ist toll~~   42 Quadratmeter.   Das ist billig. Und wie groß ist sie?

4. Schreiben Sie einen Dialog.

A	Ist das keine Couch?	1	Nicht alle.	A	5
B	Ist die Wohnung ungemütlich?	2	Es geht.	B	
C	Wie teuer ist das Zimmer?	3	Nur 16 Quadratmeter.	C	
D	Sind die Möbel neu?	4	Hohlweg 12.	D	
E	Wie groß ist das Wohnzimmer?	5	Doch.	E	
F	Liegt die Wohnung gut?	6	Nein, es ist schon weg.	F	
G	Ist das Zimmer noch frei?	7	Nur 180,– DM.	G	
H	Wie ist die Adresse?	8	Bequem ja, aber nicht schön.	H	
I	Ist der Stuhl bequem?	9	Das finde ich nicht.	I	

1. Wohnungssuche

1. Hören Sie Dialog 1, und ergänzen Sie dann den Text.

Herr Andoljsek möchte . . . mieten.
Frau Pohl hat ein . . . frei.
Es kostet . . . DM.
Herr Andoljsek ist . . . von Beruf.
Er kommt aus . . .

Er bekommt das Zimmer nicht.
Warum nicht? . . .

2. Hören Sie Dialog 2, und beantworten Sie dann:
   Was ist richtig? (r) / Was ist falsch? (f) / Ich weiß nicht. (?)

   a) Das Zimmer ist schon weg.
   b) Die Möbel sind alle neu.
   c) Das Zimmer hat keine Dusche.
   d) Das Haus liegt ruhig.
   e) Das Zimmer ist sehr billig.
   f) Das Zimmer ist schön groß und hell.
   g) Das Zimmer kostet 260,– DM mit Nebenkosten.

3. Hören Sie Dialog 3, und beantworten Sie dann die Fragen:

   a) Ist das Zimmer noch frei?
   b) Wie groß ist das Zimmer?
   c) Wieviel kostet es?
   d) Ist das Haus neu?
   e) Wie ist das Zimmer?
   f) Wie heißt die Adresse?

2. **Schreiben Sie eine Karte.**

Mettmann, 5.3.83

Liebe Sonja,

wie geht es Dir? Wir haben jetzt ein Reihenhaus in Mettmann. Das ist bei Düsseldorf. Das Haus liegt phantastisch. Es hat vier Zimmer und ist 102 Quadratmeter groß.

Komm doch mal nach Mettmann! Wir haben jetzt auch ein Gästezimmer.

Herzliche Grüße
Karin

60 DEUTSCHE BUNDESPOST
RÖNTGENGERÄT

An _____

Sonja Leist

Rückertstraße 16

7000 Stuttgart

Schreiben Sie jetzt eine Karte.

Sie haben ein Haus, eine Wohnung, ein Zimmer in . . .
Sie/es kostet . . ., liegt . . ., hat . . ., ist . . .

Möbel für junge

Es gibt 80 Millionen Bundesdeutsche, 9 Millionen sind Singles und wohnen allein. Besonders junge Leute möchten in einer eigenen Wohnung und nicht mehr bei den Eltern wohnen.

Auch Brigitte (20, Krankenschwester) wohnt jetzt allein. Sie hat ein eigenes Zimmer mit Bad. Es liegt sehr schön und ist auch nicht zu teuer. Teuer aber sind die Möbel, und Brigitte verdient wenig. Das Zimmer ist klein, nur 18 Quadratmeter. Brigitte sucht deshalb praktische Möbel: z.B. eine Bettcouch,

Klappstühle und einen Klapptisch.
Ein Möbelprogramm für junge Leute wie Brigitte hat jetzt das Möbelhaus Ankora. Die Möbel sind nicht zu teuer und besonders für kleine Wohnungen sehr praktisch.
Hier einige Beispiele aus dem neuen Programm.

Borg Bettcouch

AKKA Klapptisch

BIBO Sessel

TED Klappstuhl

Einige Leute möchten nicht in modernen Hochhäusern wohnen. Auch Reihenhäuser finden Sie nicht gut. Sie wohnen lieber in alten Kirchen, Türmen oder Bahnhöfen.

Die Künstlerfamilie Goertz wohnt in einer Barockkirche in Eichtersheim. Das liegt bei Heidelberg. Die 200 Jahre alte Kirche ist jetzt eine große und gemütliche Wohnung: 5 Zimmer, 2 Bäder und eine Küche.

Hier wohnt der Student Dorotheus Graf von Rothkirch. Er studiert Kunst. Der Turm ist 130 Jahre alt und liegt bei Bonn. Die Wohnung ist leider etwas unbequem, denn das Telefon ist im Erdgeschoß und das Wohnzimmer im 5. Stock.

Komische Adressen

Ein alter Bahnhof ist die Wohnung von Hermann Haeck. Der Kölner ist schon 66 Jahre alt und Wirtschaftsprüfer von Beruf. Hermann Haeck arbeitet noch, denn der Bahnhof kostet sehr viel Geld. Er hat auch eine alte Lokomotive. Die und der Bahnhof sind sein Hobby.

Essen und Trinken

das Obst

der Käse

die Wurst

die Kartoffeln

der Salat

die Milch

das Gemüse

der Reis

der Fisch

das Bier

der Wein

das Glas

das Wasser

die Butter

das Fleisch

das Ei

das Brot

der Löffel

der Kuchen

die Gabel

der Teller

das Messer

B1

KARL MEINEN (Angestellter) ANNA ZIRBEL (Rentnerin)

Frühstück

zu Hause: 1 Brötchen
  mit Marmelade
  und Butter, Kaffee

zu Hause:
2 Butterbro[t]
mit Käse,
Kaffee

Mittagessen

in der Kantine:
3 Käsebrote,
1 Cola

zu Hause:
Rindfleisch-
suppe

Kaffee

im Büro:
Kaffee

im Café:
Tee und Kuchen

Abendessen

zu Hause:
Kotelett, Kartoffeln und Gemüse,
1 Flasche Bier

zu Hause:
2 Wurstbrote,
Milch

☞ **1. Was ißt Herr Meinen? Was ißt Frau Zirbel? Was ißt Herr Kunze?**

P. 161, 1

a) Zum Frühstück ißt Herr Meinen ein Brötchen mit Butter und Marmelade.
Er trinkt Kaffee.
Zum Mittagessen ißt er drei Käsebrote und trinkt eine Cola.
Später trinkt Herr Meinen einen Kaffee.
Zum Abendessen ißt er ein Kotelett, Kartoffeln und Gemüse und trinkt eine Flasche Bier.

```
Nom.                    Akk.
ein   (der) Salat                 einen Salat.
eine  (die) Suppe       Er ißt    eine  Suppe.
ein   (das) Brot                  ein   Brot.
```

b) Zum Frühstück ißt Frau Zirbel . . . Sie trinkt . . .
Zum Mittagessen ißt sie . . . Sie trinkt . . .
Später . . .
Zum Abendessen ißt sie . . .

c) Zum Frühstück ißt Herr Kunze . . . Zum Mittagessen ißt er . . .

☞ **2. Und was essen Sie?**

P. 162, 2
+ 163, 4

Zum Frühstück esse ich . . . Ich trinke . . .

BERNHARD KUNZE (Student)

zu Hause:
nichts

in der Universität: Salat

im Schnell-imbiß:
Kaffee,
1 Brötchen

zu Hause:
Brot mit Wurst und Käse,
Mineralwasser

das Brötchen

die Butter

die Marmelade

die Suppe

das Käsebrot

das Kotelett

der Salat

3. Essen Sie Kotelett?

⊙ Essen | Sie (gerne) | Kotelett?
Trinken | | . . .

◻ ⎯ Ja, sehr gern.
＼ Nein, | das | ist zu | fett. Ich | esse | lieber | Hähnchen.
| . . . | | . . . | trinke | | . . .

Kotelett fett	Wein sauer	Kuchen süß	Gulaschsuppe scharf	Campari bitter
Hähnchen	Bier	Obst	Rindfleischsuppe	Sherry

4. Ißt man bei Ihnen viel . . .?

⊙ Ißt | man bei Ihnen viel | Kartoffeln?
Trinkt | | Milch?
| | . . .

◻ ⎯ Ja.
＼ Nein, aber man | ißt | viel . . .
| trinkt |

Die Küche in der Bundesrepublik

Vor 30 Jahren   Heute

Verbrauch an
Nahrungsmitteln
je Einwohner
in kg

Vor 30 Jahren		Heute
186	Kartoffeln	81
104	Trinkmilch	84
97	Brot	63
51	Obst, Südfrüchte	116
50	Gemüse	64
37	Fleisch	91
29	Zucker	36
21	Fett	26
8	Eier	17
5	Käse	14

B2

1

Kalte Vorspeisen

Matjesfilet »Nordisch« mit Speckkartoffeln	7,75
Käseteller mit Butter und Radieschen	9,50
Roher Schinken, Bauernbrot und Butter	7,50
Schinkenplatte gekocht	10,50

Warme Vorspeisen

Gemüsesuppe	3,—
Bayerische Leberknödelsuppe	4,—
Französische Zwiebelsuppe	4,50
Rindfleischsuppe	3,50

Hauptgerichte

Vom Rind

Rheinischer Sauerbraten mit Kartoffeln und Rotkohl	11,—
Mexikanisches Rindersteak, mit grüner Pfefferrahmsauce, pommes frites u. gem. Salat	14,—
Kalbsrahmbraten mit Spätzle und Salatteller	14,50
Kalbsgeschnetzeltes »Züricher Art« mit frischen Champignons, Sahne, Eierspätzle	16,75

Vom Schwein

Bayerische Schweinshaxe mit Kartoffelkloß und Speckkrautsalat	12,—
Niederbayerischer Schweinebraten mit Kartoffelknödel und Salat	13,50

Fisch

Forelle Müllerin mit Kräuterbutter, Salzkartoffeln und Salatteller	11,—
Ganze Nordseescholle »Finkenwerder Art« mit Speck und Zwiebeln, Kräuterkartoffeln	16,50

Salate

Kleiner bunter Salatteller	3,50
Großer Salatteller mit gekochtem Schinken und Ei	9,—

Dessert

Vanilleeis mit heißen Himbeeren, Schlagsahne	5,—
Gemischter Eisbecher	3,—
Schokoladenpudding mit Vanillesauce	3,20

Getränke

Coca-Cola, Fanta 0,3 l	1,50
Apfelsaft	1,50
Mineralwasser	1,50
Exportbier 0,5 l	2,80
Frankenwein 0,2 l	4,80

1. Welche Wörter kennen Sie?

2. Welche Gerichte kennen Sie?

3. Was gibt es auch in Ihrem Land? Was gibt es bei Ihnen nicht?

4. Was möchten Sie essen?

   Und was möchten Sie trinken?

5. Ordnen Sie zu:

Kalbsrahmbraten gibt es nicht. Aber ... gibt es.

Vorspeise: Gemüsesuppe, ...
Hauptgericht: Rindersteak, ...
Nachtisch: Vanilleeis, ...
Getränk: ...

Schweinefleisch	Rindfleisch	Kalbfleisch	Fisch
Schweinefilets	...	...	...
...	...	...	...

1. Was paßt nicht?

a) Kaffee – Tee – Milch – ~~Suppe~~ – Mineralwasser

b) Braten – Hähnchen – Gemüse – Kotelett – Steak

c) Glas – Flasche – Stück – Tasse – Kaffee

d) Gabel – Löffel – Messer – Tasse

e) Tasse – Gabel – Glas – Teller

f) Bier – Brot – Salat – Steak – Eis

2. Was paßt?

a) Kaffee – Tasse / Bier – *Glas*

b) Tee – trinken / Suppe – _____

c) Campari – bitter / Kuchen – _____

d) Abend – Abendbrot / Mittag – _____

e) Steak – Hauptgericht / Eis – _____

f) Forelle – Fisch / Kotelett – _____

3. Was paßt? Schreiben Sie.

🍾 Flasche	🥛 Glas	🥣 Tasse	🍰 Stück

a) 2 _____*Tassen*_____ Kaffee

b) 4 _____ Kuchen

c) 1 _____ Apfelsaft

d) 3 _____ Mineralwasser

e) 1 _____ Wein

f) 2 _____ Bier

g) 5 _____ Tee

h) 2 _____ Milch

i) 1 _____ Orangensaft

j) 2 _____ Brot

Familie Meinen ißt im Schnellimbiß.

a) Herr Meinen möchte
ein Kotelett,
_____
_____

b) Frau Meinen möchte
_____
_____
_____

c) Michael möchte
_____
_____
_____

d) Sonja möchte
_____
_____
_____

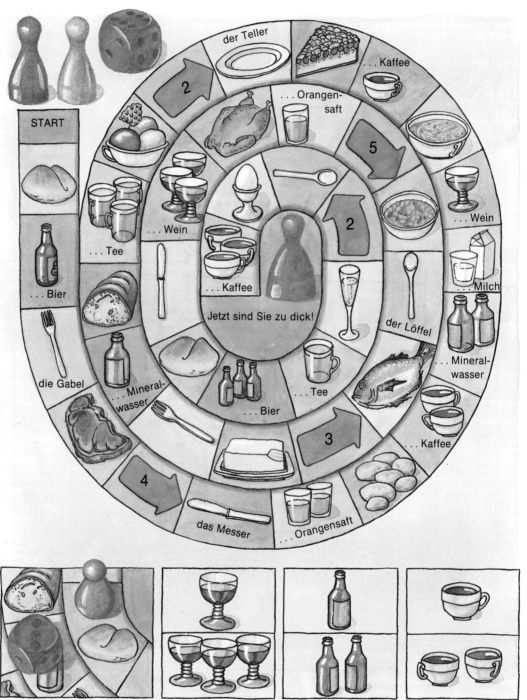

der Teller

... Kaffee

... Orangen-saft

2

5

... Wein

START

... Tee

... Wein

2

... Bier

Jetzt sind Sie zu dick!

... Kaffee

... Milch

der Löffel

die Gabel

... Mineral-wasser

... Mineral-wasser

... Tee

... Bier

... Kaffee

3

4

das Messer

... Orangensaft

Sie sind hier. Sagen Sie:
„Das ist ein Brötchen."

ein Glas Wein –
3 Gläser Wein

eine Flasche Bier –
2 Flaschen Bier

eine Tasse Kaffee –
2 Tassen Kaffee

 P. 163, 3

1. Wie heißt der Plural?

a) Brot – _Brote_   h) Glas – _____   o) Flasche – _____

b) Stück – _____   i) Apfel – _____   p) Steak – _____

c) Getränk – _____   j) Tasse – _____   q) Kartoffel – _____

d) Messer – _____   k) Fisch – _____   r) Kuchen – _____

e) Gabel – _____   l) Saft – _____   s) Löffel – _____

f) Ei – _____   m) Kotelett – _____   t) Hähnchen – _____

g) Suppe – _____   h) Dose – _____   u) Tomate – _____

2. Schreiben Sie Dialoge.

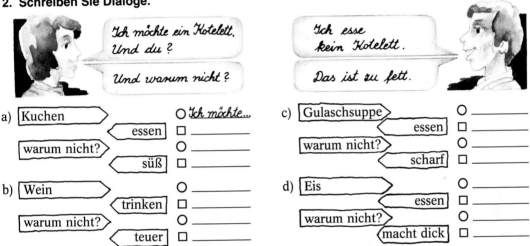

3. Was paßt?

	a) Öl	b) Waschmittel	c) Joghurt	d) Wein	e) Zucker	f) Cola	g) Saft	h) Nudeln	i) Kaffee	j) Reis	k) Tee	l) Mehl	m) Margarine	n) Milch
A Glas														
B Dose	✗													
C Flasche	✗													
D Becher														
E Packung														

○ Wir möchten gern bestellen.
　□ Bitte, was bekommen Sie?
○ Ich nehme eine Gemüsesuppe
　und einen Salatteller.
　□ Und was trinken Sie?
○ Ein Glas Weißwein.
　□ Und Sie?
　　△ Ein Steak bitte.
　　　Aber keine Pommes frites,
　　　lieber Reis. Geht das?
　□ Ja, natürlich!
　　Und was möchten Sie trinken?
　　△ Einen Apfelsaft.

Nom.   Akk.

ein – ich nehme einen Salatteller.
eine – ich nehme eine Suppe.
ein – ich nehme ein Hähnchen.

○ Wir möchten	gern	bestellen.
Ich möchte		

□ Bitte, was bekommen Sie?
(Bitte schön?)

Ich	nehme	eine Gemüsesuppe.
	möchte	...
Ich	nehme	ein Bier.
	möchte	...

Und was trinken Sie?
(Und was möchten Sie trinken?)

□

Und was essen Sie?
(Und was möchten Sie essen?)

Ich	möchte	ein Glas	Rotwein.
	nehme	eine Tasse	...
Ich	möchte	ein Kotelett.	
	nehme	...	

Und Sie?
□ (Und was | möchten | Sie?)
　　　　　 | bekommen |

Ein	Steak bitte.
...	...
△ Aber keine	Pommes frites, lieber	Reis.
	...	...

Geht das?

Ja, natürlich.
□ (Natürlich.)
(Nein, leider nicht.)

P. 162

1. Schreiben Sie.

a)

○ _Bekommen Sie das Hähnchen?_
□ _Nein, ich bekomme den Fisch._

Ebenso:
b) Wein – Bier
c) Eis – Kuchen
d) Suppe – Käsebrot
e) Fisch – Kotelett
f) Kaffee – Tee

2. Ergänzen Sie.

a) Ich esse einen Kuchen. _____Er_____ macht dick, aber _____er_____ schmeckt gut.
b) Den Wein trinke ich nicht. _____ ist zu sauer.
c) Das Bier trinke ich nicht. _____ ist zu warm.
d) Ich esse ein Steak. _____ ist teuer, aber _____ schmeckt gut.
e) Ich esse keine Marmelade. _____ ist zu süß, und _____ macht dick.
f) Ich trinke ein Bier. _____ schmeckt gut, und _____ ist nicht teuer.
g) Die Milch trinke ich nicht. _____ ist sauer.
h) Die Kartoffeln esse ich nicht. _____ sind kalt.
i) Ich trinke keinen Campari. _____ ist zu bitter.
j) Das Brot esse ich nicht. _____ ist alt.

3. Ergänzen Sie.

trink-en, sein, schmeck-en, nehm-en, ess-en

○   Was _nimmst_ du denn?
□   Ich _____ einen Fisch.
○ Fisch? Der _____ doch zu teuer.
□ Na ja, aber er _____ gut.
        Was _____ du denn?
○   Ich _____ ein Hähnchen.
□ Hähnchen, das _____ doch nicht.
        _____ doch lieber ein Kotelett!
○   Das _____ ich nicht gern.
□ Und was _____ du?
○   Ich _____ ein Bier.
□ Und ich _____ einen Orangensaft.

○ Wir möchten bezahlen.
　　◻ Zusammen oder getrennt?

○ Getrennt bitte.
　　◻ Und was bezahlen Sie?
○ Die Forelle und den Wein.
　　◻ Das macht 19,50 DM.
　　　　▲ Und ich bezahle das Schinkenbrot
　　　　　und den Apfelsaft.
　　◻ Das macht 9,30 DM.

○ Zusammen.
　　◻ Das macht 28,80 DM.

Ich bezahle	Akk.
	den Apfelsaft.
	die Roulade.
	das Käsebrot.

P. 162, 2b

1. Herr Ober, ich bekomme . . .

○ Herr Ober,
　ich bekomme kein Käsebrot,
　sondern ein Kotelett.
　　◻ Oh, entschuldigen Sie.

2. Herr Ober . . . !

○ Herr Ober, das Fleisch ist kalt!
　　◻ Oh, entschuldigen Sie.

Fleisch	Brot	Schweinebraten	Milch	Kuchen	Ei	. . .
kalt	alt	zu fett	sauer	nicht frisch	kalt	. . .

3. Was bezahlen Sie?

○ Ich bezahle . . .

4. Machen Sie Dialoge.

Und Sie bezahlen den Wein und die Gemüsesuppe?

Nein, getrennt.

Zusammen? Ja, die ist sehr gut.

Eine Flasche Mineralwasser.

Die Rinderroulade und das Mineralwasser.

Das macht 17,50 DM.

Gibt es eine Gemüsesuppe?

Ja, richtig. Und was möchten Sie trinken?

Und was bekommen Sie? ~~Bezahlen bitte!~~

Was bezahlen Sie? ~~Was bekommen Sie?~~

Mit Reis oder Kartoffeln?

Dann bitte eine Gemüsesuppe und ein Glas Wein.

Eine Rinderroulade bitte.

Mit Kartoffeln.

9,60 DM bitte.

a) ○ *Was bekommen Sie?* _____
□ _____
○ ...
□ ...

b) ○ *Bezahlen bitte!* _____
□ _____
○ ...
□ ...

5. Bilden Sie Sätze.

a) | Brötchen ＞ essen |
(Klaus, zum Frückstück)

b) | Bier ＞ trinken |
(Renate, zum Abendbrot)

c) | Kuchen＞ nehmen |
(Herr Kurz, später)

d) | Milch ＞trinken ＞ mögen |
(er, lieber)

Ihre Grammatik: Ergänzen Sie.

	Inversions-signal	Subjekt	Verb	Subjekt	Angabe	obligatorische Ergänzung	Verb
a)	*Zum Frühstück Brötchen*	*Klaus Klaus*	*ißt ißt ißt ißt*	*Klaus Klaus*	*zum Frühstück* *zum Frühstück.*	*Brötchen. Brötchen. Brötchen.*	
b)							
c)							
d)							

ADDI – Preisinformationen

sind zuverlässige Wegweiser für den günstigen Einkauf.

MILFINA H-Schlagsahne
30 % Fettgehalt
    0,2-l-Tetrabrik-Pack. **-,95**
Hochland Schmelzkäse-
Scheibli Holländer, Chester,
Emmentaler
45 % Fett i. Tr. je 200-g-Pack. **1,79**
MILFINA Erntebecher
fettarmer Joghurt mit versch.
Früchten   250-g-Becher **-,69**
BELLASAN Sonnenblumen-
Margarine   500-g-Becher **1,39**
MILFINA H-Vollmilch
3,5 % Fettgehalt
    1-l-Tetrabrik-Pack. **-,95**
Maiskeimöl 0,5-Liter-Flasche **1,59**
Knäckebrot 250-g-Packung **-,69**

Papier-Taschentücher
6 x 10 Stück   Packung **-,79**
Deutscher Sekt
SCHLOSS AUERBACH
trocken   0,75-l-Flasche **5,29**
Französischer Land-Rotwein
Le Rouge   1-l-Flasche **2,79**
KARLSKRONE Edel-Pils
    0,33-l-Dose **-,49**
Pepsi-Cola 0,33-Liter-Dose **-,42**
Orangensaft
    1-l-Tetrabrik-Packung **-,99**
ALBRECHT KAFFEE extra
besonders aromareich, gemahlen
    500-g-Vacuum-Dose **8,49**
TANDIL Vollwaschmittel
    3-kg-Tragepackung **5,98**

Langkorn-Spitzenreis
2 Kochbeutel à 125-g-Pack. **-,59**
Nudeln versch. Sorten
    je 500-g-Paket **-,79**
Zucker   1000-g-Packung **1,69**
Weizenmehl Type 405
    1000-g-Packung **-,89**
Serbische Bohnensuppe
    850-ml-Dose **1,79**
Geschälte ganze Tomaten
    425-ml-Dose **-,49**
Champignons I. Wahl
    425-ml-Dose **1,99**
Thunfisch in Dressingsauce mit
Gemüsebeilage 210-ml-Dose **1,19**
VITA-Marmelade
Aprikose   je 450-g-Glas **1,39**

Was brauchen wir noch?

- ⦿ Was brauchen wir noch?
  - ☐ Milch.
- ⦿ Und wieviel?
  - ☐ Zwei Packungen.

2× Milch		
1× Vita Marmelade		
4× Joghurt		
2× Orangensaft		
8× Bier		
3× Champignons		
1× Reis		

```
   -- A D D I --

     05-07-83

  2 ...    1.90
  1 ...    1.39
  4 ...    2.76
  2 ...    1.98
  8 ...    3.92
  3 ...    5.97
  1 ...    0.59
        * 18.51 TL
```

```
          -- A D D I --

            10-09-83

                  2 ...    2.78
                  2 ...    3.18
2 Packungen Milch 3 ...    2.85
1 Glas Marmelade  4 ...    7.16
4 Becher Joghurt  1 ...    5.29
2 l Orangensaft   5 ...    3.45
?                 2 ...    1.38
?                       * 25.89 TL
?
```

```
  -- A D D I --

     04-05-83

  2 ...    3.58
  3 ...    4.17
  4 ...    1.68
  1 ...    1.19
  5 ...    3.95
  3 ...    1.47
  1 ...    5.98
  2 ...    1.18
        * 23.20 TL
```

P. 161, 1   Das haben die beiden gekauft.   Und was hat Frau Berger, Herr Müller gekauft?

1. Schmeckt der Fisch?

○ Schmeckt | der Fisch?
| . . .

    ■ Danke, | er | ist | phantastisch.
      Ja, | . . | schmeckt | sehr gut.
                            gut.

2. Nehmen Sie doch noch etwas!

○ Nehmen Sie | doch noch etwas Fisch!
  Nimm | . . .

      Danke, gern.

  ■
     Nein danke, | ich habe noch genug.
        Danke, | ich bin satt.
                | ich möchte nicht mehr.

P. 163, 5

3. Was ist das?

○ Das schmeckt | sehr gut.
                | phantastisch.
                | prima.

  Was ist das?
    ■ Das ist Zwiebelhähnchen.
       Das ist Hähnchen mit Zwiebeln.

Danke, ich bin nicht hungrig.

Zwiebel-hähnchen	Strammer Max	Rouladen	Pfannkuchen	Gulasch
Hähnchen mit Zwiebeln	Brot mit Schinken und Ei	Rindfleisch mit Schinken, Gurke und Zwiebeln	Eier, Mehl und Milch	Rind- und Schweinefleisch mit Zwiebeln

4. Was paßt zusammen?

A	Wer möchte noch ein Bier?	1	Vielen Dank.	A	3
B	Möchtest du noch Kartoffeln?	2	Nicht so gern, lieber Kartoffeln.	B	
C	Haben Sie Gemüsesuppe?	3	Ich, bitte.	C	
D	Das schmeckt sehr gut.	4	Danke, sehr gut.	D	
E	Wie schmeckt es?	5	13,70 DM.	E	
F	Ißt du gern Reis?	6	Ich glaube Gulaschsuppe.	F	
G	Wieviel macht das?	7	Doch, das Fleisch ist phantastisch.	G	
H	Schmeckt es nicht?	8	Nein, die ist zu scharf.	H	
I	Ist das Rindfleisch?	9	Tee bitte.	I	
J	Was gibt es zum Abendbrot?	10	Nein danke, ich bin satt.	J	
K	Schmeckt die Suppe nicht?	11	Nein, Schweinefleisch.	K	
L	Möchten Sie Tee oder Kaffee?	12	Nein, aber Zwiebelsuppe.	L	

5. Welche Antwort paßt?

a) *Essen Sie gern Fisch?*
   Ⓐ Nein, ich habe noch genug.
   Ⓑ Ja, aber Kartoffeln.
   Ⓒ Ja, sehr gern.

b) *Was möchten Sie trinken?*
   Ⓐ Eine Suppe bitte.
   Ⓑ Einen Tee.
   Ⓒ Lieber einen Kaffee.

c) *Möchten Sie den Fisch mit Reis?*
   Ⓐ Lieber das Steak.
   Ⓑ Ich nehme lieber Fisch.
   Ⓒ Lieber mit Kartoffeln.

d) *Bekommen Sie das Käsebrot?*
   Ⓐ Nein, ich bekomme ein Hähnchen.
   Ⓑ Ja, das trinke ich.
   Ⓒ Ja, das habe ich.

e) *Nehmen Sie doch noch etwas!*
   Ⓐ Ja, ich bin satt.
   Ⓑ Nein danke, ich habe genug.
   Ⓒ Es schmeckt phantastisch.

f) *Gibt es heute Hähnchen?*
   Ⓐ Ich weiß nicht.
   Ⓑ Nein, lieber Fisch.
   Ⓒ Nein, aber zum Abendbrot.

6. Was können Sie auch sagen?

a) *Was möchten Sie?*
   Ⓐ Bitte schön?
   Ⓑ Was bekommen Sie?
   Ⓒ Was bezahlen Sie?

b) *Ich nehme einen Wein.*
   Ⓐ Ich bezahle einen Wein.
   Ⓑ Ich trinke einen Wein.
   Ⓒ Einen Wein bitte.

c) *Wie schmeckt die Suppe?*
   Ⓐ Schmeckt die Suppe nicht?
   Ⓑ Schmeckt die Suppe?
   Ⓒ Wie ist die Suppe?

d) *Essen Sie doch noch etwas Fleisch!*
   Ⓐ Es gibt noch Fleisch. Nehmen Sie!
   Ⓑ Nehmen Sie doch noch etwas Fleisch!
   Ⓒ Gibt es noch Fleisch?

e) *Das kostet 8,50 DM.*
   Ⓐ Ich habe 8,50 DM.
   Ⓑ Ich bezahle 8,50 DM.
   Ⓒ Das macht 8,50 DM.

f) *Danke, ich habe genug.*
   Ⓐ Danke, ich bin satt.
   Ⓑ Danke, ich möchte nicht mehr.
   Ⓒ Danke, der Fisch schmeckt sehr gut.

Einladung zum Essen

1. 1. Hören Sie den Dialog.

2. Beurteilen Sie die folgenden Sätze:
richtig (r) / falsch (f) / ich weiß nicht (?)

a) Die drei Freunde essen keine Vorspeise.
b) Sie trinken Bier.
c) Sie essen Salat als Vorspeise.
d) Sie trinken Wein.
e) Sie essen Kartoffeln.
f) Sie essen Schweinefleisch.
g) Sie trinken Kaffee zum Nachtisch.
h) Sie essen Obst als Nachtisch.
i) Sie essen Suppe.
j) Sie essen Hähnchen.

2. Schreiben sie zwei Dialoge.

Toll! Wie heißt das?   ~~Guten Appetit!~~   Das kenne ich nicht. Was ist das?

Schweinefleisch mit Kartoffeln und Gemüse.   Möchtest du noch etwas?

~~Danke~~ Pichelsteiner Eintopf.   Das schmeckt ja phantastisch.   Guten Appetit!

Was ist denn das?   Ja gern. Sie kochen wirklich gut.   Falscher Hase.

Nehmen Sie doch noch etwas.   Wie schmeckt's?   Das schmeckt ja prima.

Danke gleichfalls.   Falscher Hase? Das ist Hackfleisch mit Ei und Brötchen.

Danke sehr gut. Wie heißt das? ~~Schmeckt es Ihnen?~~   Nein danke, ich habe noch genug.

a) ○ _Guten Appetit!_ _____
   □ _Danke._ _____
   ○ _Schmeckt es Ihnen?_ ___
   □ _____
   ○ _____
   □ _____
   ○ _____
   □ _____
   ○ _____
   □ _____

b) ○ _____
   □ _____
   ○ _____
   □ _____
   ○ _____
   □ _____
   ○ _____
   □ _____
   ○ _____
   □ _____

3. Finden Sie hier 36 Wörter aus Lektion 4?

A	X	S	E	C	U	X	A	N	M	A	R	M	E	L	A	D	E	O	A	D	K	A	F	F	E	E	D	G	B	O	H	N	E	N	C
S	A	F	T	G	V	B	D	O	I	K	E	E	L	Ö	S	N	C	B	G	X	U	L	K	O	H	H	A	A	X	B	F	P	M	Q	P
T	C	B	F	H	G	A	B	E	L	J	I	S	X	F	M	Y	F	V	P	B	C	K	V	N	X	B	W	A	S	S	E	R	Q	A	J
E	I	R	L	S	J	W	U	H	C	I	S	S	M	F	G	K	I	P	A	Q	H	Ä	H	N	C	H	E	N	F	T	F	R	D	O	O
A	T	O	Z	A	L	N	T	G	H	E	D	E	V	E	E	C	S	U	P	P	E	S	J	U	W	I	I	E	J	Y	B	B	O	C	G
K	O	T	E	L	E	T	T	J	R	Q	C	R	B	L	M	K	C	Z	F	H	N	E	K	D	E	G	N	A	C	H	T	I	S	C	H
B	L	U	Q	A	M	E	E	T	L	I	A	Z	I	V	Ü	F	H	D	E	I	S	L	M	E	H	L	D	W	E	Z	S	D	E	N	V
W	U	R	S	T	O	E	R	I	N	D	F	L	E	I	S	C	H	S	L	T	M	Y	Ö	L	V	C	R	M	I	Z	U	C	K	E	R
M	W	P	R	S	E	F	W	A	U	I	E	Y	R	V	E	G	J	E	H	L	F	U	K	N	T	G	L	Z	T	H	J	U	S	I	T

Probieren geht über studieren

Zwiebelhähnchen

(für 4 Personen)

* *

Das brauchen Sie:

2 Hähnchen	Basilikum	
(ca. 1½ Kilo),	3 Löffel Öl	125 g Mandeln
Salz, Pfeffer,	½ Liter Fleischbrühe	Petersilie
Curry, Thymian,	1½ Pfund Zwiebeln (rot)	1 Tasse Reis

* *

So kochen Sie:

Die Hähnchen in Stücke schneiden.

Zwiebeln schälen, klein schneiden und zu den Hähnchen geben, nochmal 10 Minuten kochen.

Mit Salz, Pfeffer, Curry, Thymian und Basilikum würzen.

Mandeln in kleine Stücke schneiden. Das Essen mit Petersilie bestreuen.

In Öl braten. Fleischbrühe dazugeben und 20 Minuten kochen.

Reis 20 Minuten in Salzwasser kochen. Reis und Hähnchen servieren.

Müsli ist gesund

Viele Deutsche finden: das Frühstück ist sehr wichtig. Auch die Mediziner sagen: „Essen Sie morgens viel und abends wenig. Das ist gesund." Das Abendessen, so meinen sie, ist nicht so wichtig. Wir möchten wissen: Was essen Deutsche zum Frühstück? Essen sie wirklich sehr viel oder nicht? In Frankfurt machten wir ein Straßen-Interview und fragten einige Leute.

Der erste ist Christian G. Er ist Lastwagenfahrer von Beruf.

Forum: Herr G., was essen Sie zum Frühstück?

Herr G.:   Ich esse zwei oder drei Brote mit Wurst oder Käse und trinke zwei Tassen Kaffee und ein Glas Milch.

400 Meter weiter treffen wir Wolfgang S. Er ist Schüler.

Wolfgang S.: Morgens esse ich immer ein Müsli mit Milch oder Saft. Das schmeckt sehr gut und ist gesund.

Forum: Und was trinkst du?

Wolfgang S.: Einen Orangensaft. Oft trinke ich auch nichts.

Die nächste ist Ursula S. (22). Sie ist Bürokaufmann.

Forum: Was essen Sie zum Frühstück?

Ursula S.:   Nichts.

Forum: Machen Sie das oft?

Ursula S.:   Nein, nicht immer. Aber ich mache gerade eine Diät.

Wir brauchen jetzt auch ein Frühstück und gehen ins Café Schwille. Dort fragen wir Marina C.

Marina C.:   Mein Mann und ich essen kein Frühstück, wir trinken nur einen Tee.

Forum: Und warum?

Marina C.:   Wir haben morgens nur wenig Zeit.

Forum: Haben Sie dann keinen Hunger?

Marina C.:   Doch. Ich esse hier im Café ein oder zwei Brötchen. Und mein Mann bekommt in der Kantine ein Frühstück.

Willkommen an Bord!

1. Wo ist was?

Deck 3, 5:	ein Schwimmbad, eine Bar
Deck 7:	ein Restaurant
Deck 6:	ein Café
Deck 4, 10:	ein Sport- und Fitnesszentrum
Deck 6–9:	Kabinen
Deck 6:	eine Bibliothek, ein Friseur, ein Geschäft
Deck 7:	eine Bank
Deck 8:	eine Küche
Deck 9:	eine Metzgerei
Deck 10:	ein Krankenhaus, ein Kino
Deck 11:	die Maschine

2. Was machen die Leute?

Auf Deck 5: Sie | trinken . . .
machen Musik.
treffen Leute.
flirten.
hören Musik.
spielen.
sprechen zusammen.
gehen spazieren.
bedienen Leute.
. . .

3. Wo schwimmt jemand?

Wo	flirtet	jemand?	Auf Deck . . .
	schläft		
	arbeitet		
	bedient		
	ißt		
	trinkt		
	kocht		
	liest		
	tanzt		
	. . .		

4. Wo geht jemand spazieren?

Wo	kauft	jemand	ein?	Auf Deck . . .
	sieht		fern?	
	spielt		Tischtennis?	
	. . .		. . .	

P. 164, 1 + 2

Arbeit und Freizeit

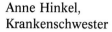

Frank Michel, Kellner	Anne Hinkel, Krankenschwester	Klaus Berger, Koch	Frieda Still, Architektin

 fünf Uhr

steht auf

steht auf

steht auf

schläft

 sieben Uhr

 fängt seine Arbeit an

 macht Betten

 holt Fleisch

 schläft

 halb zehn

 bedient Frieda

 bringt Medikamente

 schneidet Fleisch und Kartoffeln

 frühstückt

 elf Uhr

 räumt auf

 bringt Essen

 kocht Suppe

 liest ein Buch

1. Wann steht Frank Michel auf?
Um . . . Uhr.
Wann steht . . . auf?

P. 165, 4 + 5

2. Was macht Frank Michel um . . . Uhr?
Er bedient Frieda Still.
Was macht . . . ?

3. Beschreiben Sie:
a) Frank Michel ist Kellner.
Er steht um fünf Uhr auf.
Um sieben Uhr fängt er seine Arbeit an.
Um halb zehn bedient er Frieda Still.
Um elf räumt er auf.
Um . . .

Frank Michel,
Kellner

Anne Hinkel,
Krankenschwester

Klaus Berger,
Koch

Frieda Still,
Architektin

schreibt die
Bestellung auf

macht Pause

gibt Essen aus

ißt zu Mittag

ein Uhr

räumt auf

macht einen Verband

räumt die Küche auf

schwimmt

drei Uhr

sieht fern

trifft Freunde

trinkt ein Bier

bestellt Essen

sechs Uhr

geht schlafen

geht schlafen

trinkt noch
ein Bier

tanzt

neun Uhr

b) Anne Hinkel ist Krankenschwester.
   Sie steht um fünf Uhr auf.
   Um ... Uhr macht sie Betten.
   Um ...

c) Um fünf Uhr schläft Frieda Still noch.
   Da steht der Kellner auf.
   Um sieben Uhr schläft Frieda Still auch noch.
   Da macht die Krankenschwester die Betten.
   ...

4. Was gibt es in der Stadt?

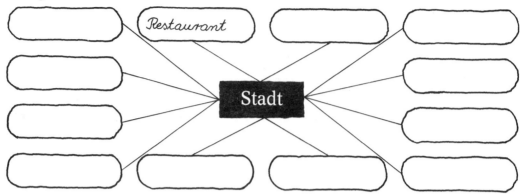

5. Was machen die Leute? Schreiben Sie.

arbeiten, aufräumen, ~~aufstehen~~, Briefe schreiben, bedienen, einkaufen, essen, fernsehen, kochen, flirten, fotografieren, Fußball spielen, Musik hören, tanzen, Tischtennis spielen, trinken, schlafen, schwimmen, spazierengehen, lesen

a) *aufstehen*

d) ——————

g) ——————

j) ——————

b) ——————

e) ——————

h) ——————

k) ——————

c) ——————

f) ——————

i) ——————

l) ——————

m)    o) _____   q)    s) _____

n) _____   p) _____   r) _____   t) _____

6. Elizabeths Tagesablauf. Schreiben Sie.

Abendbrot essen,	arbeiten gehen,	aufräumen,	~~aufstehen~~,	Mittag essen,
einkaufen,	fernsehen,	Pause machen,		schlafen gehen

a) *Um 7.00 Uhr steht sie auf.*   b) _____   c) *Um*

d) _____   e) _____   f) _____

g) ——————————— h) ——————————— i) ———————

7. Schreiben Sie.

a) Um 7.00 Uhr aufstehen (Renate) / um 9.00 Uhr aufstehen

○ *Renate steht um 7.00 Uhr auf. Möchtest du auch um 7.00 Uhr aufstehen?*

☐ *Nein, ich stehe lieber um 9.00 Uhr auf.*

Ebenso:

b) Tischtennis spielen (Bernd)/Fußball spielen

c) die Küche aufräumen (Juan)/weggehen

d) Musik hören (Carlo)/spazierengehen

e) essen gehen (Robert)/tanzen gehen

f) einkaufen (Ali)/schwimmen gehen

g) fernsehen (Linda)/Tischtennis spielen

In London (10) ist es 12.00 Uhr mittags.
Wie spät ist es dann in . . .

a) Tokio (22)? *In Tokio ist es dann schon 21.00 Uhr abends.*

b) Los Angeles (3)? *In Los Angeles ist es dann erst 3.00 Uhr morgens.*

8. Schreiben Sie.

erst ◀——————— 12.00 Uhr ———————▶ schon

Nacht	Morgen	Mittag	Nachmittag	Abend	Nacht

9

13

15

2

10

6

11

3

5

14

16

22

20

1

17

18

21

19

8

23

12

7

24

Greenwich Meridian

Int. Datumsgrenze

Länder mit Landeszeiten

150° 120° 90° 60° 30° 0° 30° 60° 90° 120° 150° 180°

Ebenso:
In London ist es
12.00 Uhr mittags.
Wie spät ist
es dann in . . .

c) Buenos Aires (7)?

d) Helsinki (13)?

e) Karatschi (17)?

f) New York (6)?

g) Peking (20)?

h) Hawaii (1)?

i) New Orleans (5)?

j) Wellington (24)?

k) Kairo (14)?

9. Was stimmt hier nicht? Vergleichen Sie Text und Bild.

a)
10.00 Uhr

e) An Bord, 28.6.83

Lieber Mathias,

die Zeit hier ist nicht sehr schön. Ich stehe schon um 7.00 Uhr auf und gehe morgens auf Deck spazieren. Man kann hier nicht viel machen: nicht schwimmen, nicht Tischtennis spielen, nicht tanzen, man trifft keine Leute, und es gibt auch kein Kino und keinen Nachtclub. Ich esse hier sehr wenig, denn das Essen schmeckt nicht gut. Nachmittags lese ich Bücher oder schreibe Briefe. Abends sehe ich viel fern und gehe schon um 9.00 Uhr schlafen.

Herzliche Grüße

Deine Babsi

14.00 Uhr

b)
11.30 Uhr

f) 16.00 Uhr

c) 12.30 Uhr

g) 22.00 Uhr

d) 13.00 Uhr

h) 1.00 Uhr

Was macht Babsi?

a) Sie steht erst um 10.00 Uhr auf.

b) Sie spielt um ...

Ebenso: c, d, e, f, g, h

Was schreibt Babsi?

Ich stehe schon um 7.00 Uhr auf.

Ich gehe morgens...

10. Schreiben Sie jetzt den Brief richtig.

An Bord, 28.6.83

Lieber Mathias,

die Zeit hier ist phantastisch. Ich stehe um 10.00 Uhr ...

Discothek
Täglich von 19–2 Uhr
Jet-Dancing
Münster Straße 55, Telefon 21 2012

中國飯店 China-Restaurant **MANDARIN**
Am Hofbräuhaus, Ledererstr. 21,
Telefon 22 68 88 Inh.: Paul Kao
Warme Küche v. 11.30–15 U., 18–23 U.

Pfälzer Weinkeller
warme Küche bis 22.00 Uhr
geöffnet 10.00–23.30 Uhr
München 2, Klenzestr. 8, Telefon 22 72 16

Café Lug und seine Konditorei
früher königl. Hofkonditorei Rottenhöfer
gegründet 1825
**außergewöhnliche Auswahl an Kuchen und Torten
feinste Schokoladenspezialitäten**
Amalienstraße 25/26 · Telefon 22 29 15, 9–19 Uhr

Philoma TANZ-CAFÉ · BAR
Täglich Tanz für Jung & Alt
Von 16 Uhr bis 2, Samstag 3 Uhr
Damen und Herren – Bitten zum Tanz
Kl. Schmankerl · Gute Weine · Bier vom Faß
Mü 2, Forststraße 12, Telefon 43 12 61

Schwabings Treffpunkt für nette Leute, Musik
Küche bis 24.00 DAB-Bier im Ausschank
CLOCHARD
Türkenstraße 90 München-Schwabing-2723390

1.

Was kann man hier machen?	Wann geöffnet?	Wo?
Discothek Jet-Dancing	tanzen, …	19.00–2.00 Uhr	Münsterstr. 55
Restaurant Mandarin			
Pfälzer Weinkeller			
Café Lug			
Tanz-Café Philoma			
Clochard			

Akk.
Wohin? → in den Weinkeller
(der Weinkeller)
→ in die Discothek
(die Discothek)
→ ins Café
(das Café)
→ ins "Clochard"

Gehen wir nachher noch weg?

Wohin denn?

Ins Café Lug. Einen Kaffee trinken.

Ja, gut.

Gehen Sie nachher noch mit? In den Pfälzer Weinkeller?

Nein, ich kann leider nicht. Ich muß noch arbeiten.

○ Ich möchte mal wieder essen gehen.
Kommst du mit?

   ☐ Ja vielleicht. Wann denn?

○ Kannst du Montag abend?

   ☐ Um wieviel Uhr?

○ So um acht.

   ☐ Um acht? Tut mir leid, da kann
ich nicht. Da muß ich arbeiten.

○ Und . . .? Geht es da?

   ☐ . . .

P. 164, 3

Ich möchte	mal wieder nächste Woche . . .	essen tanzen ins Kino (Theater/Konzert)	gehen.

○

Kommst du mit?
(Hast du Lust?)

   ☐ Ja vielleicht. Wann denn?

Kannst du Hast du	Montag abend . . .	? Zeit?

○

   ☐ Um wieviel Uhr?
(Wann?)

○ So um acht.

   ☐ Tut mir leid, | da kann ich nicht. / da geht es nicht.

Und . . .?
○ Geht es da?
Kannst du

   ☐ Da | muß ich arbeiten. / möchte . . .
(Ja, das geht.)

2. Wann? Wie lange? Schreiben Sie. Bilden Sie Beispielsätze.

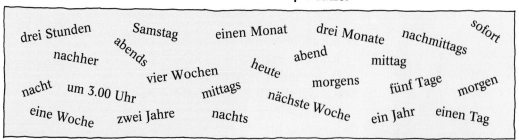

a)

Wann?	Pause machen Zeit haben arbeiten
Samstag abend	
heute mittag	

b)

Wie lange?	Pause machen Zeit haben arbeiten
drei Stunden	

3. Wohin gehen Sie dann? Schreiben Sie.

Sie möchten . . .   Wohin gehen Sie dann?

A	ein Buch kaufen.	1	Pfälzer Weinkeller		
B	vietnamesisch essen.	2	Central Kino		
C	tanzen gehen.	3	„Clochard"	*Ins „Clochard"*	
D	ein Bier trinken.	4	Café Hag		
E	Bücher lesen.	5	Buchhandlung Herbst		
F	Tischtennis spielen.	6	Metzgerei Koch		
G	schwimmen gehen.	7	Diskothek Jet Dancing		
H	einen Wein trinken.	8	Restaurant Mekong		
I	einen Kuchen essen.	9	Sportzentrum		
J	Fleisch kaufen.	10	Schwimmbad		
K	einen Film sehen.	11	Stadt-Bibliothek		

4. Ihre Grammatik: Ergänzen Sie.

Schwimmbad, Bibliothek, ~~Restaurant~~, Café, „Clochard", Kino, Buchhandlung, Theater, Konzert, Nachtclub, Weinkeller, Sportzentrum, Bar, Diskothek, Metzgerei

a)
DER

b)
DAS

c)
DIE

a) *in den* _____

b) *ins Restaurant* _____

c) *in die* _____

5. Fragen Sie.

a) Auf Deck 5 hören Leute Musik.   *Wo hören Leute Musik?*

b) Frank steht um 5.00 Uhr auf.   _____

c) Auf Deck 10 ist ein Kino.   _____

d) Anne Hinkel ist Krankenschwester.   _____

Ebenso:

e) Um 19.00 Uhr gehen sie ins Theater.

f) Um 6.00 Uhr fängt seine Arbeit an.

g) Eine Stunde möchte er schwimmen.

h) Im „Clochard" kann man Bier trinken.

i) Sie arbeitet 40 Stunden pro Woche.

j) Das Kino fängt um 9.00 Uhr an.

k) Sie gehen heute abend ins Kino.

6. Ihre Grammatik: Ergänzen Sie.

Infinitiv	können				essen	
ich		muß				
du	kannst					
Sie			fahren			
er, sie, es, man						arbeitet
wir				lesen		
ihr						
Sie						
sie			nehmen			
Imperativ (du)				Lies!		
Imperativ (ihr)						Arbeitet!
Imperativ (Sie)	Fahren Sie!					

7. Ihre Grammatik: Ergänzen Sie.

a) Auf Deck 4 spielen Leute Tischtennis.

b) Schwimmen kann man auf Deck 3.

c) Um 5.00 Uhr muß Frank Michel aufstehen.

d) Um 6.00 Uhr fängt er schon seine Arbeit an.

e) Gehen wir nachher noch essen?

f) Gehen wir nachher noch weg?

g) Kommst du Dienstag mit?

h) Kannst du Dienstag mitkommen?

	Inversions-signal	Subjekt	Verb	Subjekt	Angabe	obligatorische Ergänzung	Verb
a)	Auf Deck 4		spielen	Leute		Tischtennis.	
b)							
c)							
d)							
e)							
f)							
g)							
h)							

8. ‚Können‘ oder ‚müssen‘? Was paßt?

a) Frau und Herr Werner haben eine Wohnung in Bruchköbel. Sie *müssen* jeden Monat 1200,– DM Miete bezahlen.

b) Herr Werner _____ jeden Tag nach Frankfurt fahren. Denn er arbeitet in Frankfurt und wohnt in Bruchköbel.

c) Frank Michel ist Kellner. Er _____ um 5.00 Uhr aufstehen.

d) Frieda Still ist Touristin. Sie _____ nicht um 5.00 Uhr aufstehen, sie _____ bis 9.00 Uhr schlafen.

e) Anne Hinkel _____ schon um 7.00 Uhr arbeiten. Frieda Still _____ dann noch schlafen.

f) Frieda Still _____ um 9.00 Uhr aufstehen. Denn man _____ nur bis 10.00 Uhr frühstücken.

g) Im Pfälzer Weinkeller _____ man bis 22.00 Uhr essen.

h) Petra _____ die Wohnung in Altona nicht nehmen. Denn 480,– DM _____ sie nicht bezahlen.

9. Was paßt zusammen?

A	Haben Sie heute Zeit?	1	Nein, ich habe keine Lust.
B	Kommst du morgen abend?	2	Nein, noch nicht. Es ist erst halb acht.
C	Wann haben Sie Zeit?	3	Nein, aber Dienstag abend.
D	Geht es um 15.00 Uhr?	4	Nein, ich bin satt.
E	Mußt du Samstag arbeiten?	5	Nein, da habe ich Deutschkurs.
F	Ich möchte essen gehen. Kommst du mit?	6	So um acht.
		7	Ja, gern. Wann denn?
G	Komm, wir müssen gehen.	8	Ja, vielleicht. Wohin denn?
H	Gehen wir nachher noch weg?	9	Tut mir leid, da habe ich keine Zeit.
I	Wann können Sie?	10	Um wieviel Uhr?
		11	Ach ja, richtig.
		12	Samstag nicht, aber Sonntag.

A	B	C	D	E	F	G	H	I
3, 5, 7, 9, 10								

10. ,Können' hat drei wichtige Bedeutungen: A, B und C.

A

Sie kann nicht Ski fahren.
Sie ist krank.

A

Hier kann sie nicht Ski fahren. Es gibt keinen Schnee.

A

Er hat keine Zeit. Er kann nicht Ski fahren.

B

Hier kann er nicht Ski fahren. Es ist verboten.

C

Er kann nicht Ski fahren. Er lernt Ski fahren.

	1	2	3	4	5	6	7	8	9
A	X								
B									
C									

Welche Bedeutung hat ,können' hier?

1

Hier kann man nicht schwimmen.

4

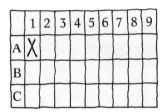

Hier kann man nicht gehen.

7

Sie kann nicht ins Kino gehen.

2

Er kann nicht schwimmen.

5

Er kann nicht schreiben.

8

Es kann noch nicht gehen.

3

Hier kann sie nicht parken.

6

Sie kann nicht schwimmen.

9

Hier kann man essen.

1. Was muß Frau Herbst alles machen?

Frau Herbst ist Buchhändlerin. Sie arbeitet 40 Stunden pro Woche.
Aber sie hat auch eine Familie. Was muß sie alles machen? Sie muß . . .

Ein Freund möchte mit Frau Herbst
– um 10.00 Uhr einkaufen gehen,
– um 13.00 Uhr Mittagessen gehen,
– um 14.00 Uhr schwimmen gehen,
– um 18.00 Uhr spazierengehen,
– um 19.00 Uhr ins Kino gehen,
– um 21.00 Uhr essen gehen.

Was sagt Frau Herbst?
– Tut mir leid. Da kann ich nicht.
  Da muß ich . . .
– . . .
– . . .
– . . .

2. Was kann man hier machen?

Man kann . . .

An der Isar in München

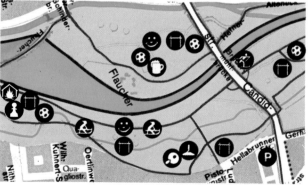

Tischtennis spielen – rodeln – laufen – Skilanglauf machen – radfahren – spazierengehen – Schach spielen – Ball
spielen – parken – grillen – spazierengehen – schwimmen – einkaufen – essen und trinken

3. Wir müssen gehen.

○ Komm, wir müssen gehen!
  Das Kino fängt um neun Uhr an.
  ☐ Wir haben noch Zeit.
    Es ist erst Viertel nach acht.
○ Ach ja, richtig.

P. 165, 5

1. Und was macht Birgit heute abend?

30. Woche

JULI

Kino 20.30   Mo 25
                206-159

17.30 Hans   Di 26
                207-158

Claudia   Mi 27
                208-157

Claudia + Hans
Schwimmen   Do 28
                209-156

frei!   Fr 29
                210-155

Theater 20.00 Sa 30
                211-154

               So 31
                212-153

1. Hören Sie den Dialog.
2. Hören Sie den Dialog noch einmal, und sehen Sie den Terminkalender an.
   Vergleichen Sie:

P. 96–7

	Was *sagt* Birgit?	Was *macht* Birgit?
Montag	Ich gehe ins Kino.	Sie geht ins Kino.
Dienstag	...	...
Mittwoch	...	
Donnerstag		
Freitag		
Samstag		

2. Wie spät ist es? Schreiben Sie die Uhrzeiten.

a)    b)    c)

zehn vor sechs

Ebenso:

d)   f)   h)   j)   l)   n)

e)   g)   i)   k)   m)   o)

3. Ergänzen Sie die Dialoge.

a) ○ *Ich möchte mal wieder schwimmen gehen. Kommst du mit?*
   □ _____
   ○ *Kannst du morgen abend?*
   □ _____
   ○ *So um halb sieben.*
   □ _____

b) ○ _____
   □ *In die Discothek? Ja gern. Wann denn?*
   ○ _____
   □ *Freitag abend geht nicht. Da möchte ich fernsehen.*
   ○ _____
   □ *Samstag geht gut. Um wieviel Uhr?*
   ○ _____
   □ *Gut, also um acht.*

c) ○ _____
   □ *Nein, ich habe keinen Hunger.*
   ○ *Möchtest du lieber tanzen gehen?*
   □ _____
   ○ _____
   □ *Ins „Clochard"? Das finde ich nicht gut.*

d) ○ *Gehen wir nachher noch weg?*
   □ _____
   ○ *In den Pfälzer Weinkeller, einen Wein trinken.*
   □ _____
   ○ *Wir können auch ins „Clochard" gehen.*
   □ _____
   ○ *Ja, das Essen ist da sehr gut.*
   □ _____

4. ‚Schon', ‚noch' oder ‚erst'? Ergänzen Sie.

a) Um 5.00 Uhr schläft Frieda Still _noch_. Frank Michel steht dann _____ auf.
_____ um 9.00 Uhr steht Frieda Still auf.

b) Anne Hinkel geht _____ um 21.00 Uhr schlafen. Dann tanzt Frieda Still _____.
Klaus geht _____ um 2.00 Uhr schlafen.

c) _____ um 1.00 Uhr geht Frieda Still schlafen. Klaus Berger trinkt dann _____
Bier. Anne Hinkel und Frank Michel schlafen dann _____.

5. Was paßt zusammen? Bilden Sie Beispielsätze.

		a) kochen	b) lernen	c) machen	d) studieren	e) sprechen	f) schreiben	g) lesen	h) hören	i) essen	j) aufräumen	k) gehen	l) treffen	m) spielen	n) trinken	o) suchen
A	Briefe															
B	Chemie															
C	Deutsch															
D	ein Buch															
E	einen Dialog															
F	die Küche															
G	essen															
H	Kaffee	✗														
I	Leute															
J	Musik															
K	Peter															
L	tanzen															
M	Betten															
N	schwimmen															
O	Suppe	✗														
P	Tischtennis															
Q	einkaufen															
R	ins Kino															

6. Was kann man da machen? Schreiben Sie.

a) Restaurant: _essen,_
b) Café: _____
c) Sportzentrum: _____
d) Schwimmbad: _____
e) Diskothek: _____
f) Nachtclub: _____
g) Bar: _____
h) Geschäft: _____
i) Bibliothek: _____

Können Sie

faulenzen?

Sehr viele Leute können nicht mehr faulenzen, d. h. nichts tun. Denn Freizeit heißt meistens Aktivität: tanzen, schwimmen, Tischtennis spielen, Musik machen, Leute treffen… Wer nicht mitmacht, ist langweilig und hat wenig Freunde.

Wir arbeiten nur noch 212 Tage im Jahr, aber wir sind trotzdem nicht faul. Denn in der Freizeit machen wir immer etwas. Viele Leute haben Hobbys, und die kosten oft viel Zeit und Arbeit. Und die Freizeitindustrie hat immer neue Angebote. Die Mediziner sprechen deshalb schon von „Freizeit-Streß".

Können Sie in der Freizeit noch faulenzen, oder ist Freizeit für Sie auch schon „Streß"? Testen Sie sich!

Für jede Frage gibt es vier Antworten. Welche Antwort ist für Sie richtig?

Frage 1

Es ist Samstag, und Sie müssen einkaufen, die Wohnung aufräumen und Briefe schreiben. Aber Sie haben keine Lust. Was machen Sie?

A ☐ Nichts.
B ☐ Ich höre Musik.
C ☐ Ich gehe spazieren.
D ☐ Ich lese ein Buch.

Frage 2

Haben Sie schnell Langeweile?

A ☐ Ja.
B ☐ Manchmal.
C ☐ Nein.
D ☐ Ich weiß nicht.

Frage 3

Sie sind ein neues Mitglied in einem Klub für faule Freizeit. Dienstag und Donnerstag ist Training im Klubhaus, 5 km von der Stadt entfernt. Es gibt dort keine Bücher, keine Musik, keine Bar, kein Fernsehen, nur sehr bequeme Sessel. Aber dienstags und freitags ist keiner da. Warum?

A ☐ Der Klub ist noch neu.
B ☐ Der Klub ist langweilig.
C ☐ Die Fahrt ist zu weit.
D ☐ Das Freizeitangebot ist schlecht.

Frage 4

Man sagt, Deutsche haben viel Freizeit, aber immer tun Sie etwas. Sie machen Sport, haben Hobbys, gehen schwimmen und und und… Ist das ein Fehler?

A ☐ Ich weiß nicht.
B ☐ Ja.
C ☐ Kein Fehler, aber auch nicht gut.
D ☐ Nein.

Frage 5

Sie haben Mittagspause und gehen in die Kantine. Dort möchten heute sehr viele Menschen essen, und Sie müssen eine Stunde warten. Was machen Sie?

A ☐ Sie warten nicht und gehen in ein Restaurant.
B ☐ Sie warten und machen eine Pause.
C ☐ Sie warten nicht, denn Sie möchten lieber arbeiten.
D ☐ Sie warten und sprechen mit einem Kollegen über die Arbeit.

Frage 6

Sie möchten am Wochenende nichts tun, aber Ihre Freunde möchten tanzen gehen. Gehen Sie mit?

A ☐ Ja, denn ich möchte nicht allein sein.
B ☐ Ich weiß nicht.
C ☐ Nein.
D ☐ Manchmal ja, manchmal nein.

Lösung

Frage	Antwort A	B	C	D
1	10	7	4	1
2	1	4	10	7
3	7	4	10	1
4	4	10	7	1
5	7	10	1	4
6	1	4	10	7

Bewertung

46 – 60 Punkte:
Freizeit bedeutet für Sie nur faulenzen. Sie sind ein Faulenzergenie.

31 – 46 Punkte:
Sie sind fast ein Faulenzergenie, aber Sie brauchen manchmal auch Freizeitaktivitäten.

16 – 31 Punkte:
Sie müssen in der Freizeit immer etwas tun. Manchmal können Sie aber auch faul sein. Leider zu wenig.

bis 15 Punkte:
Sie finden, Faulenzen ist ein großer Fehler. Sie sind zu nervös und müssen noch faulenzen lernen.

**Brigitte
Schreiber**

Tausende suchen heute eine Arbeit. Viele andere Menschen aber, besonders Frauen mit Kindern, wollen nicht jeden Tag acht Stunden arbeiten. Ist **Job-sharing** eine Antwort auf dieses Problem? Die Gewerkschaften meinen „nein", die Arbeitgeber sagen „ja".

Ein Arbeitsplatz für zwei

Weniger arbeiten, mehr Zeit für Familie, Kinder, Hobbys und Weiterbildung. Das, so weiß man aus Umfragen, möchten viele Deutsche. Sie möchten nur drei bis vier Tage pro Woche oder 4 bis 5 Stunden pro Tag arbeiten. Es gibt aber nicht genug Teilzeitstellen.

Eine Alternative ist das „Job-sharing". Es kommt aus Amerika und funktioniert so: Zwei oder mehr Arbeitnehmer teilen sich eine Arbeitsstelle und natürlich auch das Gehalt. Sie verdienen weniger, haben aber mehr Zeit.

Die Arbeitgeber finden „Job-sharing" gut. Denn „Job-sharing" bedeutet für sie: zwei oder mehr Arbeitnehmer für eine Stelle. Ist einer krank, oder hat er Urlaub, dann muß der andere die Arbeit machen.

Das aber ist der kritische Punkt: Muß der eine Kollege die Arbeit für den kranken Kollegen machen? Die Gewerkschaften sagen ‚nein'. Denn die Arbeitgeber müssen für kranke Arbeitnehmer keine neuen Leute einstellen. Das bedeutet, es gibt noch mehr Arbeitslose. Die Arbeitgeber sind anderer Meinung. „Durch „Job-sharing" bekommen viele Arbeitslose, vor allem Hausfrauen, wieder eine Stelle", sagen sie. Die Gewerkschaften und die Arbeitgeber müssen hier schnell einen Kompromiß finden.

Gleiches Recht für alle

Von Marie Marcks

„**Deutschland**" von einem japanischen Schüler aus Toyohashi

Alles falsch!

Bilder und Texte – was paßt zusammen?

A

② Das ist das Schloß Neuschwanstein. Es ist eine Attraktion für Touristen aus aller Welt.

B

C

① Das Ruhrgebiet ist ein Industriezentrum. Dort leben und arbeiten 8,5 Millionen Menschen.

E

D

③ Frühling, Sommer, Herbst und Winter: Der Schwarzwald ist immer schön. Der Winter ist hier besonders romantisch.

⑧ Der Rhein ist heute eine internationale Wasserstraße. Er fließt durch die Schweiz, die Bundesrepublik Deutschland und Holland.

④ Ein deutsches Märchen heißt „Die Bremer Stadtmusikanten": Vier Tiere wandern nach Bremen. Darum sind sie jetzt das Symbol der Stadt Bremen.

⑤ Viele Deutsche fahren im Urlaub in die Alpen. Aber nicht alle steigen auf die Zugspitze, den höchsten deutschen Berg (2964 m).

F

G

⑦ Sommer, Sonne, Urlaub: Tausende fahren an die Ostsee nach Travemünde, Grömitz oder Kiel.

P. 166, 3

⑥ Das ist der Kölner Dom, eine typisch gotische Kirche. Sie ist die größte in Deutschland.

H

Bild	A	B	C	D	E	F	G	H
Text								

1. Die Personen hier möchten Urlaub machen. Wohin fahren sie?

P. 166, 3

Herr Meier

☐ in die Alpen

☐ an die Ostsee

☐ an den Rhein

Herr Waxlhuber

☐ nach Berlin

☐ auf die Zugspitze

☐ ins Ruhrgebiet

Herr Carstens

☐ ins Ruhrgebiet

☐ an die Ostsee

☐ in den Schwarzwald

Herr Patterson

☐ nach Köln

☐ auf die Zugspitze

☐ in den Schwarzwald

Frau Becker

☐ an den Rhein

☐ auf den Eiger

☐ ins Theater

Herr Jetter

☐ nach Bremen

☐ in die Alpen

☐ nach Holland

2. Eine Postkarte.
   Ergänzen Sie:

Kneippkurort 5787 OLSBERG/Hochsauerland

Ihr Lieben!

Wir sind jetzt schon drei Tage hier. Das Wetter ist schlecht und es ist wahnsinnig langweilig. Man kann nicht … Schwimmbad gehen und auch nicht … den Tennisplatz. Morgen fahren wir … das Ruhrgebiet, und dann möchten wir noch … den Rhein und … Köln fahren.
Liebe Grüße   Monika + Alexander

Aufn. u. Verlag FOTO-KRALING, 5788 Winterberg-Siedlinghausen, Ges. gesch.
2912

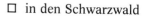
60 DEUTSCHE BUNDESPOST

Familie

Erwin Christoph

Germaniastraße 33/II

8000   *München 40*

Wohin … ?
Präposition + Akk.

auf ┐   den Berg
in ├   die Stadt
an ┘   das Wasser

in ┐   ins
an ┘ + das = ans

nach Hamburg
(Orts- und Ländernamen)

3. Ergänzen Sie.

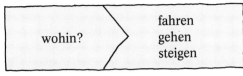
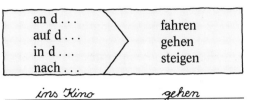

a) das Kino   <u>ins Kino</u>   <u>gehen</u>

Ebenso:

b) das Theater	g) der Atlantik	l) die Nordsee	q) Linz
c) der Vesuv	h) das Ruhrgebiet	m) das Café	r) die Berge
d) das Gebirge	i) Tokio	n) der Nanga Parbat	s) Japan
e) der Rhein	j) die Mosel	o) die Dolomiten	t) der Bodensee
f) die Türkei	k) Österreich	p) die Diskothek	u) die Alpen

4. Bilden Sie Sätze.

a) bergsteigen (ich) – Alpen

○ *Ich möchte gern bergsteigen.*
□ *Fahr doch in die Alpen, da kann man gut bergsteigen.*

Ebenso:

b) schwimmen (ich) – Mittelmeer
c) wandern (wir) – Harz
d) spazierengehen (wir) – Stadtpark
e) Französisch lernen (ich) – Paris
f) baden (wir) – Nordsee
g) radfahren (wir) – Dänemark

h) segeln (ich) – Bodensee
i) essen gehen (wir) – China Restaurant Nanking
j) tanzen gehen (ich) – Diskothek Jet Dancing
k) Kuchen essen (ich) – Café Hag
l) Ski laufen (wir) – Dolomiten
m) Wein trinken gehen (wir) – Pfälzer Weinkeller

5. Bilden Sie Sätze.

a) ○ Wo? > Urlaub > machen   ○ *Wo machen Sie dieses Jahr Urlaub?*

b) □ an die Ostsee > fahren > mögen   □ *Ich möchte* _____

c) ○ Warum (nicht) > an die Nordsee > fahren   ○ _____ *?*

d) □ schöner > sein   □ *Die Ostsee* _____

    Wohin? > fahren   *Und wohin* _____ *?*

e) ○ in die Schweiz > fahren   ○ _____

Ihre Grammatik: Ergänzen Sie.

	Inversions-signal	Subjekt	Verb	Subjekt	Angabe	obligatorische Ergänzung	Verb
a	*Wo*		*machen*	*Sie*	*dieses Jahr*	*Urlaub?*	
b							
c							
d							
e							

| SCHLOSSHOTEL WALTHER | FERNPASS-HOTEL | PENSION OASE | PENSION HUBERTUSHOF |

SCHLOSSHOTEL WALTHER ⛺⛺⛺⛺⛺ ♟♟♟

Das neue Luxushotel liegt direkt im Zentrum der Stadt. Es hat 200 Zimmer. Alle Zimmer haben Blick auf die Donau. Die Zimmer sind klimatisiert. Das Hotel hat drei Restaurants, zwei Konferenzräume, Bar, Nachtclub. Eigene Garagen.

FERNPASS-HOTEL ♟♟ ◠

Das Haus mit persönlicher Atmosphäre. Moderne Komforträume. Sehr gute österreichische Küche. Ruhige Lage. 50 Zimmer.

PENSION OASE ◠◠

Ein Haus mit langer Tradition, besonders schöne und ruhige Lage mit herrlichem Blick auf die Stadt und das Waldviertel. Gemütliche Zimmer mit Bad, Dusche, Balkon. Am Abend können Sie kleine warme und kalte Speisen bekommen.

PENSION HUBERTUSHOF ◠◠

In der schönsten und ruhigsten Lage von Linz. Alle Zimmer mit Bad oder Dusche, großer Garten, Parkplatz, 5 Min. vom Zentrum.

GASTHOF HUBER ◠

Ruhige Lage am Wald, Trimm-Dich-Pfad.

FREILINGER FORELLENHOF

Gemütliche Zimmer mit Frühstück, 10 Min. vom Zentrum.

PRIVATZIMMER

1. Nist, Wolfgang
   Zentrale, aber ruhige Lage, Frühstück.

2. Hofmann, Hans
   Alle Zimmer mit Dusche und Balkon, Tischtennis.

3. Lintner, Hermann
   Kinderspielplatz

CAMPINGPLATZ

3 km vom Zentrum, an der Donau, Schwimmbad 5 Min.

⛺⛺⛺⛺⛺	Luxus-Hotel
♟♟♟	internationale Küche
♟♟	hervorragende Küche
◠	ruhig
◠◠	besonders ruhig

	Preise pro Person			
	🛏	🛏🚿	🛏🛏	🛏🛏🚿
Schloßhotel	–	630	–	420
Fernpaß-Hotel	200-270	350-500	250	270-410
Oase	–	300-340	–	220-250
Hubertushof	150-180	180-220	130-160	160-180
Huber	120-130	–	110-120	–
Forellenhof	120	160	135	150
Nist, Wolfgang	110	–	90	–
Hofmann, Hans	100	–	90	–
Lintner, Hermann	85	–	75	–

1 Welchen Gasthof, welches Hotel, welche Pension möchten Sie nehmen?

	Komparativ	Superlativ
ruhig,	ruhiger,	am ruhigsten
billig,	billiger,	am billigsten
groß,	größer,	am größten
gut,	besser,	am besten

Das Schloßhotel finde ich gut. Die Zimmer sind klimatisiert, und es gibt drei Restaurants.

Das Fernpass-Hotel finde ich besser. Es ist ruhiger und billiger.

Ich nehme die Pension Oase. Sie ist kleiner, und die Zimmer haben Dusche.

Privatzimmer finde ich am besten. Die sind am billigsten.

Aber die Pension Hubertushof liegt schöner und zentraler.

P. 166, 4a
+ 167, 4b

○ Wir suchen ein Doppelzimmer
für ungefähr 600 Schilling.
Können Sie etwas empfehlen?
  ☐ Ja, da haben wir das Schloßhotel.
    Das Doppelzimmer kostet 840 Schilling.
◉ 840 Schilling, das ist zu teuer.
  ☐ Dann gibt es noch die Pension Oase.
    Die ist billiger. 500 Schilling.

P. 165, 1

– Mit oder ohne Frühstück?
– Mit Bad oder Dusche?
– Liegt | das Hotel | ruhig?
       | die Pension | zentral?
       | der Gasthof |
– Wie weit ist es zum Zentrum?
– Kann man da auch essen?
– Hat das Zimmer einen Balkon?

Gut, das Zimmer nehmen wir.

Wir suchen	ein Doppelzimmer	
Ich suche	ein Einzelzimmer	

○ für ungefähr ... Schilling.
  möglichst zentral.
  möglichst ruhig.

Können Sie etwas empfehlen?

Da	haben wir	das Hotel ...
	gibt es	die Pension ...
		den Gasthof ...

Das	Doppelzimmer	kostet ... Schilling.
	Einzelzimmer	

☐ (Das / Die / Der) | liegt / ist | zentral, | nur 5 Min. zum Zentrum. / direkt im Zentrum.

(Das / Die / Der) | liegt sehr ruhig.

  ... Schilling.   Das ist zu teuer.
○ (Direkt im Zentrum.   Das ist zu laut.)
  (5 Kilometer zum Zentrum. Das ist zu weit.)

Dann	gibt es noch	die Pension ...
	haben wir noch	das Hotel ...
		den Gasthof ...

☐ Die | ist billiger.   Nur ... Schilling.
  Das | ist ruhiger.
  Der | liegt zentraler.

1. Ergänzen Sie.

a) neu   – _alt_   f) schön   – _____   k) hell   – _____
b) billig – _____   g) bequem – _____   l) sauer   – _____
c) kalt   – _____   h) modern – _____   m) gemütlich – _____
d) schnell – _____   i) laut   – _____   n) schlecht – _____
e) frisch – _____   j) groß   – _____   o) praktisch – _____

2. Bilden Sie Sätze.

a) | teuer > sein | Schloßhotel (630 Schilling) – Pension Hofmann (200 Schilling) – Forellenhof (160 Schilling)

Die Pension Hofmann ist teurer als der Forellenhof,
aber am teuersten ist das Schloßhotel.

Ebenso:

b) | zentral > liegen | Schloßhotel (im Zentrum) – Pension Hofmann (1 km zum Zentrum) – Campingplatz (3 km zum Zentrum)

c) | groß > sein | Hamburg (1 698 615) – Bonn (283 156) – Frankfurt (631 400)

d) | alt > sein | Universität Prag (1348) – Universität Straßburg (1621) – Universität Berlin (1809)

e) | teuer > sein | Hähnchen (+) – Kotelett (++) – Steak (+++) (+ = teuer)

f) | schwimmen > können | Veronika (+) – Marion (++) – Julia (+++) (+ = schnell)

g) | tanzen ... > mögen | Monika: tanzen (+) – ins Kino gehen (++) – Freunde treffen (+++) (+ = gern)

h) | Deutsch > sprechen | Linda (+) – Lucienne (++) – Astrid (+++) (+ = gut)

i) | schön > wohnen | Bernd (+) – Thomas (++) – Jochen (+++) (+ = schön)

3. Ihre Grammatik: Ergänzen Sie.

bequem	bequemer	am bequemsten		wärmer	
		am ruhigsten	kurz		
klein					am kältesten
	zentraler		alt		
		am gemütlichsten			am größten
		am weitesten	teuer		
neu				besser	
laut			gern		
	schlechter				am meisten

1. Welchen Gasthof können Sie empfehlen?

⬤ Welchen Gasthof | können Sie empfehlen?
Welche Pension
Welches Hotel
◼ Den Gasthof Eden.
⬤ Und warum nicht die Pension Berghof?
◼ Der Gasthof Eden ist billiger.

P. 167, 4b
+ 5

Gasthof Eden 1 Zi. = 40,– DM	*Gasthof Stern* im Zentrum	*Hotel Jägerhof*	*Hotel Waldhaus*	*Hotel Alte Krone*	*Gasthof Neuwirt*
billig	zentral	modern	ruhig	schön	klein
Pension Berghof 80,– DM	*Pension Schröder* 12 km zum Zentrum	*Hotel Berlin*	*Gasthof Schell* Zentrum	*Pension Gudrun*	*Hotel zum Bären*

P. 167, 4b

2. Wohin fahren Sie?

⬤ Wohin fahren Sie dieses Jahr?
Wieder in den Taunus?
◻ Nein, nach Österreich,
ins Salzkammergut.
Das ist schöner.

(der) Taunus	*(die) Nordsee*	*(der) Harz*
(das) Salzkammergut	*(der) Wörthersee*	*(das) Waldviertel*
schön	warm	billig
(der) Chiemsee	*(das) Sauerland*	*(der) Schwarzwald*
(die) Steiermark	*(die) Wachau*	*(die) Tauern*
wenig Touristen	Essen gut	Wetter gut

3. Was paßt zusammen?

A	Was kostet das Zimmer?	1	Die Pension Oase ist ganz gut.
B	Liegt die Pension zentral?	2	Ja, aber zum Zentrum sind es 5 km.
C	Können Sie eine Pension empfehlen?	3	Nur 2 Minuten.
D	Liegt das Hotel ruhig?	4	Nein, es ist ohne Telefon.
E	Wie weit ist es ins Zentrum?	5	Ja, es gibt ein Restaurant.
F	Hat das Zimmer Telefon?	6	350 Schilling.
G	Gibt es Garagen?	7	Nur eine Dusche.
H	Ist der Preis mit oder ohne Frühstück?	8	Ja, fünf Stück.
I	Kann man im Hotel auch essen?	9	Ja, direkt im Zentrum.
J	Hat das Zimmer Bad oder Dusche?	10	Mit natürlich.

A	B	C	D	E	F	G	H	I	J
6									

4. Welche Antwort paßt?

a) *Können Sie etwas empfehlen?*
  Ⓐ Ja, ein Zimmer ist frei.
  Ⓑ Nein, das ist zu teuer.
  Ⓒ Ja, die Pension Fraunhofer.

b) *Kann man da auch essen?*
  Ⓐ Nein, es gibt kein Restaurant.
  Ⓑ Ja, mit Frühstück.
  Ⓒ Nein, ohne Abendbrot.

c) *Wie weit ist es zum Zentrum?*
  Ⓐ Nicht sehr laut.
  Ⓑ Nur 1 km.
  Ⓒ Sehr zentral.

d) *Liegt die Pension ruhig?*
  Ⓐ Es geht.
  Ⓑ Nein, sehr schlecht.
  Ⓒ Ja, sehr schön.

5. Schreiben Sie einen Dialog.

Sie suchen in Linz ein Zimmer und gehen in die Tourist-Information.
Sie möchten einige Informationen und fragen.

Wie weit?	Bad?	laut?	Garage?	Privatzimmer?	billig?	Radio?
Verkehrsverbindungen?		Hotel?	teuer?	pension?	Restaurant?	
Dusche?	Parkplätze?	Telefon?	zentral?	Fernsehen?	Zimmer frei?	

○ *Guten Tag. Wir suchen in Linz ein Zimmer.*
□ _____
○ ...

Verkehrsmittel in Deutschland

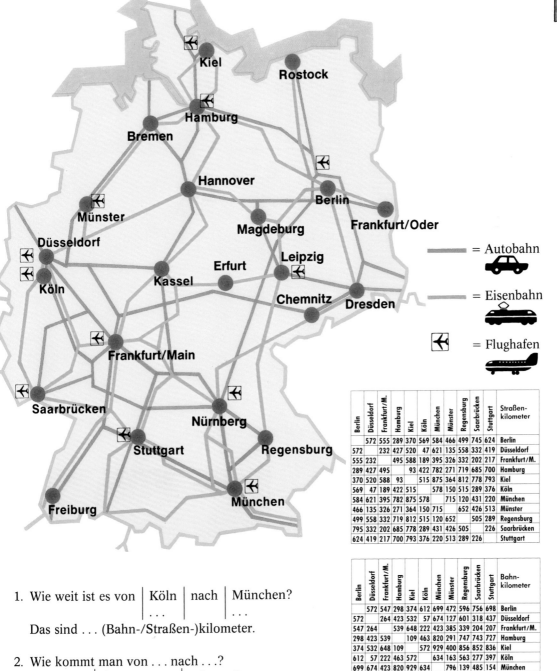

= Autobahn

= Eisenbahn

= Flughafen

	Berlin	Düsseldorf	Frankfurt/M.	Hamburg	Kiel	Köln	München	Münster	Regensburg	Saarbrücken	Stuttgart	Straßen-kilometer
		572	555	289	370	569	584	466	499	745	624	Berlin
	572		232	427	520	47	621	135	558	332	419	Düsseldorf
	555	232		495	588	189	395	326	332	202	217	Frankfurt/M.
	289	427	495		93	422	782	271	719	685	700	Hamburg
	370	520	588	93		515	875	364	812	778	793	Kiel
	569	47	189	422	515		578	150	515	289	376	Köln
	584	621	395	782	875	578		715	120	431	220	München
	466	135	326	271	364	150	715		652	426	513	Münster
	499	558	332	719	812	515	120	652		505	289	Regensburg
	795	332	202	685	778	289	431	426	505		226	Saarbrücken
	624	419	217	700	793	376	220	513	289	226		Stuttgart

	Berlin	Düsseldorf	Frankfurt/M.	Hamburg	Kiel	Köln	München	Münster	Regensburg	Saarbrücken	Stuttgart	Bahn-kilometer
		572	547	298	374	612	699	472	596	756	698	Berlin
	572		264	423	532	57	674	127	601	318	437	Düsseldorf
	547	264		539	648	222	423	385	339	204	207	Frankfurt/M.
	298	423	539		109	463	820	291	747	743	727	Hamburg
	374	532	648	109		572	929	400	856	852	836	Kiel
	612	57	222	463	572		634	163	563	277	397	Köln
	699	674	423	820	929	634		796	139	485	154	München
	472	127	385	291	400	163	796		724	440	560	Münster
	596	601	339	747	856	563	139	724		536	299	Regensburg
	756	318	204	743	852	277	485	440	536		245	Saarbrücken
	698	437	207	727	836	397	154	560	299	245		Stuttgart

1. Wie weit ist es von | Köln | nach | München?
        ...   ...
   Das sind ... (Bahn-/Straßen-)kilometer.

2. Wie kommt man von ... nach ...?
   Kann man | das Auto | nehmen?
              die Bahn
              das Flugzeug

Stuttgart – Regensburg

km 299	🔶→		Regensburg	
ab	Zug		an	Bemerkungen
3.17	D	897	8.30	Ⓤ Augsburg E
6.34	E	3193	10.25	Ⓤ Donauwörth
7.04	D	953	10.59	☕ Ⓤ Nürnberg 🔷
8.05	D	855	12.15	Ⓤ Nürnberg E
9.47	E	3071	14.07	Ⓤ Nürnberg D 🍴
9.57	🔷	511	14.06	Ⓤ München D 🍴
10.25	D	285	14.53	☕ Ⓤ München ✕
10.57	🔷	597	14.53	Ⓤ München D ✕
12.01	D	211	16.04	Ⓤ Ulm E
12.10	E	2855	16.42	🍴 Ⓤ Nürnberg ☕
14.10	E	3075	18.14	Ⓤ Nürnberg
15.37	D	495	19.25	☕ Ⓤ Nürnberg E
16.00	D	791	20.11	☕ Ⓤ Ulm E
16.19	E	3775	20.19	Ⓤ Crailsheim
16.57	🔷	613	20.58	Ⓤ München E
17.04	E	3077	21.30	Ⓤ Nürnberg

Stuttgart – Hamburg

km 727	→		Hamburg Hbf	
ab	Zug		an	Bemerkungen
7.03	🔷	535	14.09	Ⓤ Mannheim
8.03	🔷	616	15.09	Ⓤ Mannheim
9.03	🔷	614	16.09	Ⓤ Mannheim
10.03	D	690	17.09	
11.03	🔷	518	18.09	Ⓤ Mannheim Ⓤ Hannover
12.03	🔷	610	19.09	Ⓤ Mannheim
12.12	E	3006	20.29	Ⓤ Karlsruhe D ☕
13.03	🔷	612	20.09	Ⓤ Mannheim
13.57	D	792	22.16	☕
14.03	🔷	516	21.09	Ⓤ Mannheim
15.03	🔷	598	22.09	
16.03	🔷	514	23.09	Ⓤ Mannheim
17.03	🔷	116	0.14	Ⓤ Mannh Ⓤ Hannov D
20.50	D	890	7.14	🛏️→
21.07	D	898	6.24	Ⓤ Frankfurt 🛏️ →🛏
23.34	D	262	7.59	Ⓤ Karlsruhe 🛏️ →🛏

Hamburg Hbf – Kiel

km 109			→	Kiel	
ab	ab	Zug		an	Bemerkungen
	8.26	8.49	D	898	9.53
	9.18		D	331	10.44
		10.21	E	3514	11.25
	11.40		D	924	12.41 🍴
12.14		12.40	🔷	694	13.42
		12.54	E	3518	14.09
		13.49	E	3516	14.55
	14.25		D	333	15.51 🍴 ☕²⁾
	14.30	15.01	D	588	16.02 🚬
		15.50	E	3522	16.56
		16.30	E	3526	17.37
		16.49	E	3528	17.54
16.51	17.10	E	2170	18.13	
	17.45		D	335	19.04 Ⓤ Neumünster
		18.57	E	3530	20.06

Preise	Bahn (2. Klasse)	Flug	Auto*
Stuttgart – Regensburg	DM 50,–	–	104,40
Stuttgart – Kiel	140,–	290,– (Hamburg)	285,48

* 0,42 DM pro Kilometer

Nach/To/A	Hamburg			Fuhlsbüttel + 02:00
1 2 3 4 5 6 –	06.45 – 07.55	LH 789	727	F/Y Nonstop
1 2 3 4 5 – –	09.35 – 10.45	LH 790	737	F/Y Nonstop
1 2 3 4 5 – –	15.15 – 16.30	LH 791	737	F/Y Nonstop
– – – – – – 7	18.05 – 19.20	LH 792	737	F/Y Nonstop
1 2 3 4 5 6 7	21.10 – 22.20	LH 261	737	F/Y Nonstop
1 2 3 4 5 6 7	07.25 – 10.20	LH 745 /LH 762		F/Y via FRA
– – – – – 6 –	08.15 – 10.45	LH 933 /LH 277		F/Y via DUS
1 2 3 4 5 6 7	10.55 – 13.50	LH 746 /LH 765		F/Y via FRA
1 2 3 4 5 6 7	12.55 – 15.15	LH 289 /LH 776		F/Y via CGN
1 2 3 4 5 6 7	14.45 – 17.20	LH 747 /LH 768		F/Y via FRA
1 2 3 4 5 – –	18.05 – 20.45	LH 932 /LH 785		F/Y via DUS
1 – 3 – 5 – 7	18.45 – 21.05	LH 167 /LH 778		F/Y via CGN
– 2 – 4 – – –	18.45 – 21.05	LH 177 /LH 778		F/Y via CGN

1 = Montag, 2 = Dienstag, 3 = Mittwoch, 4 = Donnerstag,
5 = Freitag, 6 = Samstag, 7 = Sonntag

Via FRA = in Frankfurt umsteigen Via CGN = in Köln umsteigen
Via DUS = in Düsseldorf umsteigen

1. Wie kommt man von Stuttgart
   nach | Regensburg?
        | Kiel?
   (Benutzen Sie die Karte auf Seite 107.)
   Mann kann ... nehmen.
2. Wie lange dauert der Flug/die Bahnfahrt?
   Wo muß man umsteigen?
3. Was kostet der Flug/die Bahnfahrt/die Autofahrt?
4. Autofahrt, Bahnfahrt oder Flug von Stuttgart nach Regensburg (Kiel)? Diskutieren Sie
   die Vorteile (billiger, bequemer, schneller, kürzer, ...)
   und die Nachteile (teurer, komplizierter, länger, anstrengender, ...).

Am Stammtisch

1. Lesen Sie die folgenden Fragen:
   a) Wo ist Herr A?
      Wohin muß er fahren?
   b) Hat Münster einen Flughafen?
   c) Was sagen die Leute?
      Die Autofahrt ist billiger. Die Bahn-
      fahrt ist ... Der Flug ist ...
      (schnell, bequem, teuer,
      kompliziert, anstrengend,
      billig ...).
   d) Was nimmt Herr A:
      die Bahn, das Auto oder
      das Flugzeug?
      Warum?

2. Hören Sie dann das Gespräch.
3. Beantworten Sie die Fragen von Nr. 1.
4. Herr A nimmt ...
   Finden Sie das richtig?

P. 167, 5

○ Ich möchte morgen nach Bremen | fahren.
| fliegen.

◼ Wann ungefähr?
○ Ich muß um 16 Uhr dort sein.

Welcher Zug ist am günstigsten?　　　Welche Maschine ist am günstigsten?
(Welchen Zug kann ich nehmen?)　　　(Welche Maschine kann ich nehmen?)
◼ Der (den) um 8 Uhr 13.　　　　　◼ Die um 13 Uhr 5.
　Der kommt um 13 Uhr 19 in Bremen an.　Die kommt um . . . in Bremen an.

	Bremen 16^{00}		Düsseldorf 11^{00}		Hamburg 19^{00}		Stuttgart 18^{00}		Saarbrücken 15^{00}		Wien 13^{00}	
	Bahn	Flug	Bahn	Flug	Bahn	Flug	Bahn	Flug	Bahn	Flug	Bahn	Flug
ab	8^{13}	13^{05}	7^{05}	8^{20}	10^{08}	17^{15}	14^{20}	16^{55}	10^{14}	13^{40}	0^{32}	9^{35}
an	13^{19}	14^{00}	10^{35}	9^{05}	17^{13}	18^{20}	17^{45}	17^{40}	13^{29}	14^{40}	10^{18}	11^{00}

1. Auf dem Bahnhof.

P. 165, 2

○ Der Intercity nach Hamburg:
　Wo fährt der ab?
　◼ Gleis fünf.
○ Welches Gleis bitte?
　◼ Fünf.
　　Aber der Zug hat
　　10 Minuten Verspätung.

Hören Sie die Ansage. Was ist richtig (r)? Was ist falsch (f)?
a) Der D-242 kommt aus Paris.　　　　　e) der D-242 ist schon weg.
b) Der D-242 fährt nach Paris.　　　　　f) Passagiere nach Paris können
c) Der D-242 ist schon da.　　　　　　　　auch den D-365 nehmen.
d) Der D-242 ist noch nicht da.

2. Ergänzen Sie.

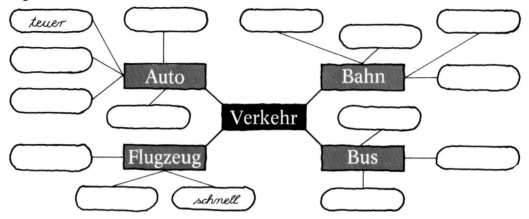

teuer

Auto

Bahn

Verkehr

Flugzeug

Bus

schnell

3. Bilden Sie Wörter.

Auto – Auto – Bahn – bahn – bahn – bindungen – ~~city~~ – Eisen – fah– fah – fahrt – fahrt –
flie – Flug – gen – gen – hafen – ~~Inter~~ – Ma – ren – ren – schine – stei – um – ver – Zug –

a) Bahn	b) Auto	c) Flugzeug
Intercity,		

4. Welche Reise nehmen Sie? Warum?

Urlaub am Mittelmeer in Toulon (ab Düsseldorf)		
Busreise	**Bahnreise**	**Flugreise**
14 Stunden Fahrt Pension im Zentrum 20 Min. zum Strand Zimmer ohne Dusche Etagendusche 1 Woche DM 498,–	16 Stunden Fahrt Appartement mit Bad und Küche 3 Min. zum Strand kein Service 1 Woche DM 956,–	90 Minuten Flug Hotel direkt am Strand Zimmer mit Bad, Telefon und Balkon 1 Woche DM 1112,–

Schreiben Sie:
a) Ich nehme die Busreise. *Die Busreise ist ... Die Pension liegt ...*
b) Ich nehme die Bahnreise. _____
c) Ich nehme die Flugreise. _____

5. Was paßt zusammen?

		a) fliegen	b) umsteigen	c) ankommen	d) fahren	e) steigen	f) liegen	g) empfehlen	h) dauern	i) suchen	j) abfahren	k) machen	l) mieten	m) nehmen
A	ein Hotelzimmer							X		X				X
B	Urlaub													
C	eine Pension													
D	den Zug													
E	ein Auto													
F	um 12.00 Uhr													
G	Bahn													
H	in Frankfurt													
I	auf Gleis 5													
J	einen Tag													
K	nach Toronto													
L	eine Wohnung													
M	schön													
N	auf den Mt. Blanc													

6. Ergänzen Sie.

a) Welch__er__ Zug fährt nach Bonn? __Der__ um 8.20 Uhr.

b) Welch_____ Flugzeug nehmt ihr? _____ um 10.45 Uhr.

c) Welch_____ S-Bahn fährt nach Erding? _____ Linie 6.

d) Welch_____ Pension nehmen Sie? _____ mit Frühstück.

e) Welch_____ Gasthof finden Sie am ruhigsten? _____ am Wald.

f) Welch_____ Hotel liegt am günstigsten? _____ im Zentrum.

g) Welch_____ Zimmer nimmst du? _____ mit Balkon.

h) Welch_____ Flug empfehlen Sie? _____ um 6.35 Uhr.

i) Welch_____ Maschine hat Verspätung? _____ aus London.

7. Was können Sie auch sagen?

a) *Ist noch ein Doppelzimmer frei?*

  Ⓐ Haben Sie noch ein Doppelzimmer frei?

  Ⓑ Wo ist noch ein Doppelzimmer frei?

  Ⓒ Haben Sie auch Doppelzimmer?

b) *Kann man im Hotel essen?*

  Ⓐ Gibt es im Hotel ein Restaurant?

  Ⓑ Ist im Hotel eine Bar?

  Ⓒ Ist das Restaurant im Hotel gut?

c) *Wie weit ist es von Kiel nach Bonn?*
   Ⓐ Wieviel Kilometer sind es von Kiel
      nach Bonn?
   Ⓑ Wie kommt man von Kiel nach Bonn?
   Ⓒ Ist es von Kiel nach Bonn weit?

d) *Wie lange dauert der Flug nach Bremen?*
   Ⓐ Wie lange dauert der Flug nach
      Bremen denn noch?
   Ⓑ Dauert die Fahrt nach Bremen lange?
   Ⓒ Wie lange fliegt man nach Bremen?

e) *Der Zug kommt um 13.00 Uhr in Hamburg an.*
   Ⓐ Der Zug fährt um 13.00 Uhr nach
      Hamburg.
   Ⓑ Der Zug ist um 13.00 Uhr in Hamburg.
   Ⓒ Der Zug kommt um 13.00 Uhr aus
      Hamburg.

f) *Ist das Hotel im Zentrum?*
   Ⓐ Wie lange geht man ins Zentrum?
   Ⓑ Liegt das Hotel schön?
   Ⓒ Liegt das Hotel zentral?

g) *Ist das Zimmer mit Frühstück?*
   Ⓐ Was kostet das Frühstück?
   Ⓑ Muß man das Frühstück extra
      bezahlen?
   Ⓒ Wieviel kostet das Zimmer mit
      Frühstück?

h) *Die Bahnfahrt ist kompliziert.*
   Ⓐ Die Bahnfahrt dauert lange.
   Ⓑ Die Bahnfahrt ist teuer.
   Ⓒ Die Bahnfahrt ist nicht sehr einfach.

i) *Wo fährt der Zug nach Bern ab?*
   Ⓐ Der Zug nach Bern. Welches Gleis
      bitte?
   Ⓑ Wann fährt der Zug nach Bern bitte?
   Ⓒ Wo ist das Gleis in Bern bitte?

j) *Kann ich ein Zimmer mit Bad haben?*
   Ⓐ Kann ich ein Zimmer mit Bad
      nehmen?
   Ⓑ Kann ich ein Zimmer mit Bad mieten?
   Ⓒ Kann ich ein Zimmer mit Bad
      bekommen?

8. Welche Antwort paßt?

a) *Wann ungefähr?*
   Ⓐ Am Abend, nicht zu spät.
   Ⓑ Um 16.23 Uhr.
   Ⓒ Dienstag nicht.

b) *Welche Maschine ist am günstigsten?*
   Ⓐ Das Auto ist besser.
   Ⓑ Die um 15.30 Uhr.
   Ⓒ Nimm doch den Zug um 15.30 Uhr.

c) *Wie lange dauert die Fahrt?*
   Ⓐ Zwei Uhr.
   Ⓑ Um zwei Uhr.
   Ⓒ Zwei Stunden.

d) *Wo fährt der Zug ab?*
   Ⓐ Nach Hamburg.
   Ⓑ Von Hamburg nach Kiel.
   Ⓒ Gleis sieben.

e) *Wohin fahren Sie?*
   Ⓐ Ich nehme den Zug.
   Ⓑ Nach Rom.
   Ⓒ Gleis neun.

f) *Müssen Sie umsteigen?*
   Ⓐ Ja, von Münster nach Bremen.
   Ⓑ Ja, in Wien.
   Ⓒ Ja, der Zug hat Verspätung.

g) *Welche Maschine nimmst du?*
   Ⓐ Die um 17.00 Uhr.
   Ⓑ Das Flugzeug.
   Ⓒ Die Maschine fliegt um 17.00 Uhr.

h) *Hat der Zug Verspätung?*
   Ⓐ Ja, aber nicht viel.
   Ⓑ Ja, um 16.00 Uhr.
   Ⓒ Ja, er kommt spät.

9. Schreiben Sie einen Dialog.

Sie möchten nach London
fahren, aber sie wissen
noch nicht wie.

Sie gehen in ein Reisebüro
und möchten Informationen
haben.

Schreiben Sie einen Dialog.
Die folgenden Sätze sind
nur Beispiele. Sie müssen
auch selbst Sätze bilden.

Zug						
hin	(jeden Tag)		zurück	(jeden Tag)		
München ab:	23.00	15.33	10.15	London ab:	22.07	16.46	9.58
London an:	18.05	11.27	5.56	München an:	18.11	13.39	6.37
DM 308,– (einfach)				DM 616,– (hin und zürück)			

Bus						
hin	Fr	Mo	Mi	zurück	So	Di	Do
München ab:	5.00	23.00	23.00	London ab:	13.00	14.00	23.00
London an:	22.00	16.00	16.00	München an:	7.00	8.00	17.00
DM 160,– (einfach)				DM 320,– (hin und zurück)			

Linienflug						
hin	(jeden Tag)		zurück	(jeden Tag)		
München ab:	13.15	17.00	18.10	London ab:	9.40	13.30	19.50
London an:	14.05	17.50	18.55	München an:	12.25	16.15	22.25
DM 550,– (einfach)				DM 1056,– (hin und zurück)			

Charterflug					
hin	Fr	Mo	zurück	Mo	Fr
München ab:	20.50	20.50	London ab:	20.30	20.30
London an:	21.40	21.40	München an:	23.15	23.15
DM 340,– (nur hin und zurück)					

Geht das? ...   Wann kann man fliegen/fahren?   Wie lange dauert ...?   Haben Sie Prospekte?

Gibt es auch Charterflüge?   Man kann nur Freitag/... fliegen.

Hin und zurück?   Ich muß am/um ... in London sein.   Am Montag/...

Wie teuer ist ...?   Ich möchte ...   Das geht (nicht).

Wann möchten Sie zurückfliegen?   Wann fährt ...?   Wann möchten Sie fahren?

Welcher Zug/Bus/Flug ist am günstigsten?   Das ist bequemer/schneller ...

○ *Guten Tag, ich möchte ...* _____

□ _____

○ ...

B3

6

Ferien-zentrum Damp 2000

OSTSEE
Flensburg
Damp 2000
Eckernförde
Kiel

Ein paar Dörfer, Wiesen- und Bauernhöfe. Das ist Schleswig-Holstein zwischen Schlei und Ostsee, zwischen Eckernförde und Kappeln. Im beliebten Seeheilbad Damp 2000 finden Sie zu jeder Jahreszeit und bei jedem Wetter alles, was zur Erholung und Unterhaltung wichtig ist:

Sport und Spiel in der Olympiahalle:

Große Turnhalle mit Geräten, auch für Tennis und Ballspiele, Gymnastikraum, 4 Kegelbahnen, 8 Bowlingbahnen, Tischtennis, Billard.

Im Freien finden Sie Sport-, Spiel- und Tennisplätze, Minigolf sowie temperiertes Süßwasser-Schwimmbad mit Rutsche für Kinder (Mai bis September). Täglich Fitneß-und Sportprogramme unter Anleitung erfahrener Sportlehrer (gebührenfrei), Damper Sport-Diplom.

Ein Kinderparadies: Das fängt schon am Strand an. Denn hier haben die Kinder eine eigene geschützte Badezone. Im Gelände mehrere Spielplätze, darunter ein Abenteuerspielplatz. Umfangreiche Veranstaltungsprogramme für Kinder und Jugendliche. Babysitterdienst (auf Anfrage möglich).

Die Einkaufstraße direkt am Yachthafen: Dort finden Sie Supermärkte, Fachgeschäfte, eine Post und eine Bank.

Für das leibliche Wohl sorgen mehrere Restaurants, eine Bierstube, Bar, Café, Bistro und Kioske, alles das ganze Jahr geöffnet.

Für Abwechslung sorgt ein attraktives Veranstaltungsprogramm, Theater, Show, bunte Abende im großen Ballsaal im Haus des Kurgastes, Tanz in der schicken Diskothek „Aquamarinus", Hobby- und Bastellehrgänge.

Ausflugsprogramm: z.B. Hochseeangeln oder Schiffsausflüge nach Dänemark.

Und was es sonst noch gibt: Sauna, beheiztes Freibad, Strandkörbe, Fernseh- und Leseräume, Segel- und Tauchschule, Reithallen auf einem nahegelegenen Reiterhof und und und ...

Und so kommen Sie hin: Autobahn Hamburg – Flensburg bis Abfahrt Rendsburg / Büdelsdorf / Eckernförde, B 203 Richtung Kappeln (Hamburg – Damp 140 km).

Sie wohnen ganz nach Wunsch in modern eingerichteten Appartements in einem Appartementhaus. Die Appartements sind modern möbliert, haben Teppichboden in allen Räumen, Radio und Münzfarbfernseher, Duschbad/WC, Balkons mit Gartenmöbeln.

LBD 4201. Typ A. 1-Raum-Appartement. Wohnfläche 25 qm. Wohn-Schlafraum mit 2 Schlafcouches, Schrankküche mit E-Platten, Kühlschrank.

LBD 4203. Typ B. 1-Raum-Appartement. Wohnfläche ca. 31 qm. Geräumiger Wohn-Schlafraum mit Sitzgruppe und 2 über Eck stehenden Schlafcouches. Eßdiele mit Schrankküche.

LBD 4205. Typ B 1. Entspricht LBD 4203 mit Wandklappbett für 1 Kind bis 12 Jahre.

LBD 4207. Typ B 2. Entspricht LBD 4203 mit 2 Wandklappbetten für 2 Kinder bis 12 Jahre.

LBD 4211. Typ C. 3-Raum-Wohnung. Wohnfläche 56 qm. Großer Wohn-Schlafraum. 2 Schlafzimmer mit je 2 Betten.

Nebenkosten (am Ort zu zahlen): Pauschale für Strom, Wasser, Heizung, Erstausstattung Bettwäsche und Handtücher, Endreinigung:

	bis 4 Übern.	ab 5 Übern.
Typ A, B	DM 39	DM 73
Typ B 1, B 2	DM 42	DM 79
Typ C, G, H	DM 66	DM 111
Typ E, F	DM 83	DM 153

B = 27.03.-17.04.
A = 17.04.-15.05.
B = 15.05.-19.06.
C = 19.06.-03.07.
D = 03.07.-14.08.
C = 14.08.-28.08.
B = 28.08.-30.10.

Mietpreis je Woche und Wohneinheit in DM

Anreise Samstag	Personenzahl	A	B	C	D
LBD 4201 DU	1	273	315	336	406
LBD 4203 DU	2	357	406	469	588
LBD 4205 DU	3	378	427	497	693
LBD 4207 DU	4	406	462	553	714
LBD 4211 SU	6	616	707	861	1064

Eine nicht sehr ernste Touristen-Typologie von Wolfgang Ebert

Am besten kennen Reiseleiter die Touristen:
viele sind angenehm,
manche sehr angenehm.
Aber es gibt auch Problemtypen…

Pechvögel, Nörgler, Alleswisser und tolle Hechte

Typ A: Der Nörgler. Er ist immer unzufrieden. Er möchte alles besser, schöner, billiger. Regen in Marokko? Nein, das mag er nicht, dafür hat er seine 698,– DM nicht bezahlt! Das Hotel ist immer zu groß, zu modern, zu alt, zu klein oder zu laut. Oder das Essen: zu kalt, zu heiß, zu scharf oder zu teuer. In Griechenland findet er das griechische Essen schlechter als in der Bundesrepublik: „Das ist doch kein Stifado! Bei uns in Peine schmeckt das viel besser." In Thailand möchte er Streuselkuchen bestellen, aber leider sprechen die Thais kein Deutsch – und darüber kann er wieder nörgeln: „Wir bringen den Leuten ja unsere gute Mark ins Land."

Typ B: Der Pechvogel. Es gibt ihn in allen Reisegruppen. Sein Pech fängt schon gleich am Flughafen an: Er trifft seine Reisegruppe nicht, und alle müssen deshalb zwei Stunden warten. In Athen ist dann sein Koffer weg; der fliegt schon in einem anderen Flugzeug nach London. Der Pechvogel verliert immer etwas: erst das Flugticket, dann die Kamera, den Paß und das Geld. Auch im Hotel hat er meistens Pech. Sein Zimmer ist natürlich direkt neben dem Lift, und er kann die ganze Nacht nicht schlafen. Die Toilettentür funktioniert nicht richtig, und er muß zwei Stunden auf einen Mechaniker warten – am Sonntag. In China bekommt der Pechvogel plötzlich Zahnschmerzen, und er muß allein nach Hause fliegen.

Typ C: Der Alleswisser. Er kennt im Urlaubsland alle Straßen, alle Kirchen, alle Städte, alle Theater, alle Restaurants… Denn schon seit zehn Jahren macht er immer hier Urlaub. Natürlich kennt er den Baedeker sehr gut und weiß deshalb alles besser als der Reiseleiter: „Das ist ein Schloß von Ludwig dem Vierzehnten, nicht von Ludwig dem Sechzehnten." „Die Kirche hier ist nicht 812 Jahre alt, erst 685!" Im Reisebus ist er gern vorn neben dem Fahrer und gibt Ratschläge: „Fahren Sie doch da vorne durch die kleine Straße links, dann sehen wir rechts noch einmal die Mustafah-Moschee aus dem fünfzehnten Jahrhundert…" Den Typ C mögen die Reiseleiter am wenigsten.

Typ D: Der tolle Hecht. Er sitzt abends immer in der Hotelbar und trinkt sehr viel. Um Mitternacht ist er dann meistens betrunken, singt deutsche Lieder und spricht sehr laut. Natürlich ist der tolle Hecht nicht verheiratet, und er flirtet sehr gern. Alle Frauen im Hotel, vor allem die Barfrauen, die Kellnerinnen und die Zimmermädchen, kennen ihn sehr gut. Pünktlich ist der tolle Hecht nie. Fährt der Bus um neun Uhr ab, dann kommt er bestimmt erst um zehn. Die ganze Reisegruppe muß dann natürlich warten, und in der nächsten Stadt muß man ohne Pause durchfahren und kann deshalb die Kathedrale nicht fotografieren. Aber es ist komisch: Alle mögen ihn, niemand ist wirklich böse.

Reisekiste
Tips für Ferien und Freizeit

Haustausch

Man muß im Urlaub nicht nur in Hotels oder Pensionen wohnen. Es geht auch anders. Das zeigen die Familien Carlisle aus Inverness in Schottland und Kahlert aus Passau. Sie tauschen jedes Jahr ihre Wohnungen: Familie Kahlert macht in Schottland Urlaub und Familie Carlisle fährt nach Passau. Der Urlaub ist so billiger: Die Familien müssen nur die Autofahrt und zwei oder drei Wochen Essen und Trin-

Tauschpartner Kahlert und Carlisle.

ken bezahlen. Für Familie Kahlert kostet der Urlaub für 4 Personen nur 1.800 Mark.
Eine Wohnung ist viel bequemer als ein Hotelzimmer, und Kinder und Eltern haben viel mehr Platz. Oft haben die Häuser auch einen Garten. Ist das Wetter schlecht, dann kann man in einer Wohnung gemütlicher leben als im Hotel.

Haustausch-Adressen:
Auch Sie können Ihre Wohnung, Ihr Appartement oder Ihr Haus tauschen. Die Firmen Intervac, Verdiweg 8, 7021 Musberg und Holiday Service, Fischback, 8640 Kronach, vermitteln Tauschpartner. Die Angebotskataloge kosten bei Intervac etwa 35 Mark und beim Holiday Service 55 Mark.

Buchtip

Reisen, das große Abenteuer

Abenteuerreisen sind populär. Immer mehr Menschen in der Bundesrepublik möchten keinen Massenurlaub mehr machen, sondern lieber in noch wenig bekannte Gebiete reisen, z.B. in die Sahara, nach Alaska oder an den Amazonas in Südamerika. Aber auch die Abenteuerreisen sind schon organisiert: Die Reisebüros bieten Abenteuer-Gruppenreisen in die Wüste, in den Urwald oder ins Gebirge an. Aber ein echter Globetrotter fährt lieber allein. Das ist nicht billiger, aber interessanter. Eine Abenteuerreise allein oder zu zweit muß man aber gut planen. Viele praktische Tips und gute Adressen für Globetrotter gibt es im „Handbuch Abenteuerreisen" (Arena Verlag). Es kostet 24,– Mark.

Camping

Neuer Campingführer

Wissen Sie das? In der Bundesrepublik gibt es 2100 Campingplätze. Und das ist gut so. Denn

immer mehr Leute möchten im Urlaub Camping machen. Hotels und Pensionen finden Sie zu unbequem: Man muß bis 10.00 Uhr frühstücken, man muß ruhig sein, man muß um 19.00 Uhr Abendbrot essen, man muß… Camping-Urlaub ist viel unkomplizierter, billiger und man lernt schneller Leute kennen.
Die Preise für Campingplätze in der Bundesrepublik sind dieses Jahr nicht teurer als letztes Jahr. In Bayern und Baden-Württemberg sind sie sogar billiger: 20 Tage kosten dort ab 70,– Mark.
Einen Campingplatz muß man nicht lange suchen. 7000 Adressen aus ganz Europa (davon 1700 aus der Bundesrepublik) finden Sie im neuen Campingführer des „Deutschen Camping-Clubs e. v.". Sie bekommen den Führer in Buchhandlungen oder Sportgeschäften oder direkt beim Deutschen Camping-Club e. V., Mandlstraße 28, 8000 München 40.

Hobby

Im Urlaub kochen lernen

Bedeutet für Sie Urlaub auch mehr als Sonne und Strand? Dann haben wir hier für Sie einen tollen Tip. Im Ferienclub Tabeira an der spanischen Costa Blanca können Hobby-Urlauber jetzt kochen lernen. Das Deutsche Reisebüro (DER) bietet Kochkurse in spanischen Restaurants an. Die Kurse gibt es nur im Frühjahr und Herbst. Sie dauern sechs Tage.

GESCHENKE

das Bild

der Kugelschreiber

das Briefpapier

die Tasche

das Buch

DIE KAMERA NEU

Hueber

50 Jubiläum

WEIHNACHTEN 24. Dezember

Ich bin da! Michael

Freut Euch mit uns Wir heiraten

für Mama

Zu unserer Geburtstagsparty laden wir ein.

Schenken Sie Blumen
FLUEBER

1. Schenken macht Freude.

Was möchten Sie gern haben?

Ich	lese gern.	Deshalb möchte ich ein Buch haben.
...	(gern Briefe schreiben) (viel Musik hören) (oft fotografieren) (im Haus arbeiten) (Picasso mögen) ...	... ...

Schenken Sie Blumen
FLUEBER

das Briefpapier

der Kassettenrecorder

die Kassette

die Schallplatte

der Film

der Kugelschreiber

das Buch

die Schreibmaschine

die Kamera

der Werkzeugkasten

das Bild

der Plattenspieler

2. Was paßt zusammen?

(Je 2 Sätze und 1 Bild passen zusammen.)

P. 167, 1
+ 168, 2

Herr Mahlein hat Geburtstag.
Frau Mahlein schenkt *ihm*
einen Plattenspieler.

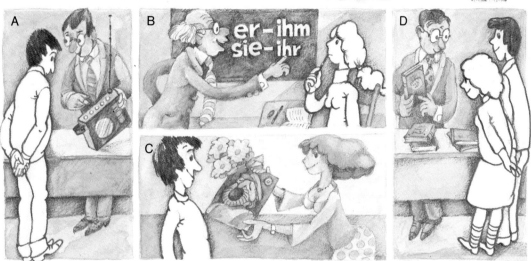

1. Fred möchte ein Radio kaufen.
2. Yvonne lernt Deutsch.
3. Lisa liebt Jochen.

4. Carola und Hans möchten ein Geschenk kaufen.

a) Der Lehrer erklärt *ihr* den Dativ.
b) Der Buchhändler zeigt *ihnen* Bücher.
c) Der Verkäufer empfiehlt *ihm* einen Radiorecorder.
d) Sie kauft *ihm* eine Platte von Hannes Wader. Dann gibt sie *ihm* die Platte.

Was paßt?

A		
B		
C		
D		

3. Diese Personen haben Geburtstag. Was kann man ihnen schenken?

Gina:	gern Musik hören	Gina hört gern Musik. Man kann ihr eine Schallplatte schenken.
Peter:	fotografieren	Peter . . . Man kann ihm . . .

Fritz:	gern reisen
Fräulein Kurz:	Blumen mögen
Robert und Helga:	ein Auto haben
Linda:	gern fernsehen
Jochen:	Fußball spielen
Herr und Frau Manz:	tanzen

Nom.		Dat.	
Er		ihm	
Sie	fotografiert. Man kann	ihr	... schenken.
Es		ihm	
Sie	fotografieren. Man kann	ihnen	

B1

P. 168, 3
P. 167, 1

4. Ich möchte eine Party geben.

○ Ich möchte Sonntag eine Party geben.
  Hast du Lust zu kommen?
  ◾ Da kann ich leider nicht.
○ Paßt es dir denn Samstag?
  ◾ Ja, Samstag paßt es mir gut.

Nominativ	Dativ
ich	mir
du	dir
Sie	Ihnen
wir	uns
ihr	euch

Party:

einladen und fragen
Dietmar
Gerd und Gabi
Dorothea
Michael und Karin
Ilse

Laden Sie diese Personen ein:

1. Ich möchte eine Party geben . . .
2. Wir möchten eine Party geben . . .

Kauf doch | einen Plattenspieler. / eine Kassette. / ein Radio. } Sing.
          | Kassetten. } Plural

Er hat schon | einen. / eine. / eins. } Sing.
             | welche. / genug. } Plural

5. Was kann ich mitbringen?

○ Du, Jochen gibt morgen eine Party.
  Was kann ich ihm wohl mitbringen?
  ◾ Kauf doch eine Flasche Wein.
○ Das geht nicht.
  Er trinkt keinen Alkohol.
  ◾ Dann nimm doch ein Buch über Fußball.
○ Er hat schon eins.

P. 169, 5

Jochen	Gina	Bernd	Petra	Yvonne
Flasche Wein	Platte	Film	Buch	Kassette
trinkt keinen Alkohol	hat keinen Plattenspieler	hat keine Kamera	liest selten	hat keinen Kassettenrecorder
Buch über Fußball	Kassette von Louis Armstrong	Briefpapier	Platten	Wörterbuch Französisch-Deutsch

6. Schreiben Sie.

wem?	was?	kaufen schenken mitbringen
ihm	*eine Kassette*	*kaufen* *schenken* *mitbringen*

a) Carlo / Kassette
b) Frau May / Reisetasche
c) Herr und Frau B. / Fernseher
d) Gina / Fotoapparat
e) ich / Kochbuch
f) ihr / Autoradio
g) du / Fahrrad
h) wir / Blumen
i) Kinder / Fußball
j) Sie / Lampe

7. Ihre Grammatik: Ergänzen Sie.

	Singular			Plural		
Nominativ wer?	ich	du Sie	er (Carlo) sie (Frau May) es	wir	ihr Sie	sie (Herr und Frau Kurz)
Dativ wem?	*mir*					

8. Ergänzen Sie.

○ Guten Tag. Kann ich __*Ihnen*__ __*helfen*__?
□ Ja, ich suche eine Bürolampe. Können Sie _____ welche _____?
○ Gern, hier habe ich eine zu 48 DM. Die kann ich _____ sehr _____. Die ist sehr günstig.
□ Ja, die ist ganz praktisch, aber sie _____ _____ nicht.
○ Und die hier? Wie _____ _____ die?
□ Ganz gut. Was kostet die denn?
○ 65,– DM.
□ Das _____ _____ zu teuer.
○ Wir haben hier noch eine zu 37,– DM.
□ Die finde ich ganz schön. Die nehme ich. Können Sie _____ die Lampe _____?
○ Ja, natürlich.

9. ‚Wer‘, ‚Was‘, ‚Wen‘, ‚Wem‘, ‚Wie‘, ‚Wann‘? Fragen Sie.

a) Das Bild gefällt mir gut. *Wie gefällt dir / Ihnen das Bild?* _____
b) Wir schenken <u>Karla</u> einen Plattenspieler.
c) <u>Birgit</u> hört gern Musik.
d) Gerd kauft ihm <u>einen Kugelschreiber.</u>
e) Gina sucht <u>Yvonne.</u>
f) Jochen hat <u>morgen</u> Geburtstag.
g) Der Film ist <u>langweilig.</u>

P. 169, 5
+ 168, 4

○ Du, Ulla hat morgen Geburtstag.
◻ Ach ja, stimmt.
○ Ich möchte ihr etwas schenken.
   Weißt du nicht etwas?
◻ Schenk ihr doch eine Platte.
   Sie hört gern Jazz.
○ Meinst du? – Ich weiß nicht.
◻ Dann kauf ihr doch ein Wörterbuch.
   Sie lernt doch Französisch.

○

Prima, die Idee ist gut.   Das ist mir zu unpersönlich.
                    ◻ Dann kauf ihr doch Blumen.
               ○ Das ist so langweilig.
                   ◻ Dann kann ich dir auch nicht helfen.

○	Ulla Jörg	hat	morgen nächste Woche	Geburtstag. Jubiläum. Hochzeit.

◻	Ach ja,	stimmt. richtig.

○ Ich möchte | ihr
ihm | etwas schenken.
(Ich brauche noch ein Geschenk.)

   Weißt du nicht etwas?
   (Kannst du mir etwas empfehlen?)

◻	Schenk Kauf	ihr ihm	doch	eine Platte. …
	Sie Er	hört gern Jazz. … … …		

○ Meinst du?
   Ich weiß nicht.

◻	Dann	kauf schenk	ihr ihm	doch …

○ Prima,
Oh ja, | die Idee ist | gut.
nicht schlecht.
…

○ (Ach nein, das ist mir zu | unpersönlich.)
teuer.
…

1. Lesen Sie und unterstreichen Sie.

Wer? _____ Wem? ～～～ Was? _ _ _ _ _

a) Die Buchhändlerin zeigt ihnen
   Wörterbücher.
b) Die Kassetten bringe ich ihnen morgen mit.
c) Erklären Sie mir doch bitte die Maschine.
d) Er kauft ihm deshalb eine Kamera.
e) Eine Schallplatte kann man ihr
   schenken.
f) Ihm kannst du ein Radio schenken.

Ihre Grammatik: Ergänzen Sie.

	Inversions-signal	Subjekt	Verb	Subjekt	unbetonte Ergänzung	Angabe	obligatorische Ergänzung	Verb
a		Die Buchhändlerin	zeigt		ihnen		Wörterbücher.	
b								
c								
d								
e								
f								

2. Ihre Grammatik.

a) O Kauf ihm doch *einen Plattenspieler.* Er hat noch *keinen.*
   □ Doch, er hat schon *einen,* und *einer* ist doch genug.
b) O Kauf ihm doch *eine Kamera!* Er hat noch *keine.*
   □ Doch, er hat schon *eine,* und *eine* ist doch wirklich genug.
c) O Kauf ihm doch *ein Radio!* Er hat noch *keins.*
   □ Doch, er hat schon eins, und eins ist doch wirklich genug.
d) O Kauf ihm doch *Kassetten* von Louis Armstrong! Er hat noch *keine.*
   □ Doch er hat schon *welche.*

Ergänzen Sie.

		Nominativ		Akkusativ	
		indefiniter Artikel + Nomen	Indefinit-pronomen	indefiniter Artikel + Nomen	Indefinit-pronomen
a)	Maskulinum Singular (der)	ein / kein Plattenspieler	einer / keiner	einen / keinen Plattenspieler	einen / keinen
b)	Femininum Singular (die)	eine / keine Kamera			
c)	Neutrum Singular (das)	ein / kein Radio			
d)	Plural (die)	Kassetten / keine Kassetten			

B2

P. 169, 6

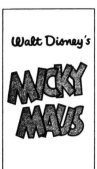

3. Schreiben Sie.

a) ○ *Möchtest du noch einen Apfel?*   ○ *Ich möchte noch einen Apfel.*
    Es sind noch welche da.   *Sind noch welche da?*
    □ *Nein danke, ich möchte keinen mehr.*   □ *Nein, es ist keiner mehr da.*

Ebenso:

b) Orange   d) Kartoffeln   f) Gurke   h) Brötchen
c) Milch   e) Ei   g) Pommes frites   i) Kotelett

4. Was paßt? Schreiben Sie.

a) *Morgen hat Antonia Geburtstag.*
Was schenken _____?
Ⓐ wir ihr
Ⓑ wir sie
Ⓒ ihr wir

b) *Felix möchte eine Lampe kaufen.*
Der Verkäufer zeigt _____.
Ⓐ sie eine
Ⓑ ihm welche
Ⓒ sie die.

c) *Meine Tochter hört gern Radio.*
Ich möchte _____ *kaufen.*
Ⓐ sie eins
Ⓑ ihr eins
Ⓒ ihr es

d) *Brauchst du noch Kartoffeln?*
Ich kann _____ *mitbringen.*
Ⓐ Ihnen welche
Ⓑ Sie eine
Ⓒ dir welche

e) *Franz ißt gern Äpfel.*
Wir bringen _____ *mit.*
Ⓐ ihm eine
Ⓑ ihr welche
Ⓒ ihm welche

f) *Ich möchte einen Werkzeugkasten.*
Kaufst du _____?
Ⓐ mir einen
Ⓑ mir ein
Ⓒ ich eins

5. Schreiben Sie.

a) die Lampe
○ *Nimm doch die Lampe da!*
□ *Die gefällt mir ja.*
   Aber ich finde sie zu teuer.

b) der Tisch
○ _____
□ _____
  _____

Ebenso:

c) das Radio   g) das Bett
d) die Teller   h) der Schrank
e) die Couch   i) der Teppich
f) die Stühle

B2

2

○ Kann ich Ihnen helfen?

Ja, ich suche einen Fernseher.   Nein danke, ich schaue nur mal.

○ Der von „Ultra" ist nicht schlecht. Er kostet 350,– DM.

◻ Das ist mir zu teuer. Haben Sie noch welche?

○ Ja, hier einen für 198,– DM.

◻ Ich weiß nicht. Ich muß noch mal darüber nachdenken.
Vielen Dank.

○ Kann ich Ihnen helfen?
(Bitte schön?)

◻ Ja, ich | suche | einen Fernseher.
        | möchte |
(Können Sie mir Fernseher zeigen?)

○ Der von „Ultra" ist nicht schlecht.
Er kostet nur 350,– DM.
(Wir haben hier einen | für 350,– DM.
                      | von . . .)

◻ Das ist mir zu teuer.
Haben Sie noch | welche?
               | andere?

○ Ja, hier einen für 198,– DM.
(Hier ist ein Sonderangebot zu 198,– DM.)

◻ Ich weiß nicht.
(Ich muß noch mal darüber nachdenken.)
(Der ist günstig, | den nehme ich.
                  | ich nehme ihn.)

der Fernseher   der Plattenspieler   das Radio   Kassettenrecorder   die Batterien

Gefällt Ihnen . . . ?

○ Gefällt Ihnen der Kugelschreiber?
   ☐ Nicht schlecht.
     Haben Sie noch welche?
◐ Ja, hier einen für 8,50 DM.
   ☐ Der gefällt mir besser,
     den nehme ich.
     Packen Sie ihn bitte ein.

P. 169, 6

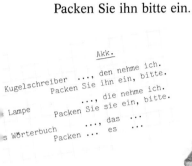

```
                    Akk.
Kugelschreiber  ..., den nehme ich.
            Packen Sie ihn ein, bitte.
                    ..., die nehme ich.
Lampe       Packen Sie sie ein, bitte.
s Wörterbuch    ..., das ...
            Packen ... es   ...
```

98,– DM

17,50 DM

36,– DM

370,– DM

12,– DM

27,90 DM

1. Was paßt zusammen?

A	Wann paßt es dir?
B	Können Sie mir die Kamera erklären?
C	Was schenkst du Jochen?
D	Mag Jochen Rock-Musik?
E	Kauf ihr doch einen Kugelschreiber.
F	Weißt du schon etwas?
G	Welches Radio empfehlen Sie?
H	Gibt es noch andere?
I	Kann ich Ihnen helfen?
J	Gefällt Ihnen der hier?

1	Nein, ich habe auch keine Idee.
2	Nein, das finde ich unpersönlich.
3	Ja, sehr gut, den nehme ich.
4	Nein danke, ich schaue nur.
5	Nein, nur die hier.
6	Das von ‚Ultra‘.
7	Am Montag.
8	Ich weiß noch kein Geschenk.
9	Ja, am liebsten Chuck Berry.
10	Ja, die ist nicht kompliziert.

A	B	C	D	E	F	G	H	I	J
7									

2. Welche Antwort paßt?

a) *Hat Rita morgen Geburtstag?*
   Ⓐ Da kann ich leider nicht.
   Ⓑ Nein, da geht es leider nicht.
   Ⓒ Nein, am Mittwoch.

b) *Können Sie mir helfen?*
   Ⓐ Danke, jetzt nicht.
   Ⓑ Ja, natürlich.
   Ⓒ Ich weiß noch nichts.

c) *Hast du schon ein Geschenk?*
   Ⓐ Nein, ich habe noch keine Idee.
   Ⓑ Ja, das weiß ich.
   Ⓒ Nein, das weiß ich nicht.

d) *Bring ihr doch Wein mit!*
   Ⓐ Hat er keinen?
   Ⓑ Ich trinke keinen.
   Ⓒ Trinkt sie den denn?

e) *Kannst du am Montag?*
   Ⓐ Ja, das paßt mir gut.
   Ⓑ Ja, das gefällt mir gut.
   Ⓒ Ja, das weiß ich.

f) *Spielt er gern Fußball?*
   Ⓐ Ja, er hat einen Fußball.
   Ⓑ Ich glaube ja.
   Ⓒ Nein, er mag nur Fußball.

3. Was können Sie auch sagen?

a) *Die Blumen gefallen mir.*
   Ⓐ Die Blumen finde ich schön.
   Ⓑ Ich mag Blumen sehr.
   Ⓒ Die Blumen passen mir nicht.

b) *Ich habe Lust zu kommen.*
   Ⓐ Ich kann kommen.
   Ⓑ Ich möchte gern kommen.
   Ⓒ Ich komme.

c) *Morgen geht es nicht.*
   Ⓐ Morgen gehe ich nicht.
   Ⓑ Morgen weiß ich nicht.
   Ⓒ Morgen paßt es mir nicht.

d) *Zum Geburtstag schenke ich ihm ein Buch.*
   Ⓐ Zum Geburtstag bekommt er ein Buch.
   Ⓑ Zum Geburtstag kauft er ein Buch.
   Ⓒ Zum Geburtstag möchte er ein Buch.

e) *Ich nehme die Schreibmaschine.*
   Ⓐ Ich möchte die Schreibmaschine.
   Ⓑ Die Schreibmaschine ist gut.
   Ⓒ Die Schreibmaschine gefällt mir.

f) *Sie hört gern Jazz.*
   Ⓐ Sie hat Jazz-Platten.
   Ⓑ Sie möchte Jazz-Platten.
   Ⓒ Jazz mag sie sehr.

4. Schreiben Sie einen Dialog.

Ich glaube ja.

~~Hallo Karin.~~

Tag Gerd, was machst du denn hier?

Nein, ich habe keine Idee.

Weißt du schon etwas?

Sie mag doch keine klassische Musik.

Liest sie gern?

Ich suche ein Geschenk für Eva.

Die Idee ist nicht schlecht.

Dann kaufe ihr doch ein Buch.

Wie findest du eine Platte von Haydn oder Mozart?

○ *Hallo Karin.* _____
□ _____
○ _____
□ . . .

5. Lesen Sie S. 124 und schreiben Sie dann den Text zu Ende.

Das Geschenk

Annabella hat *Geburtstag*, und Goofy möchte ihr etwas _____. Aber er weiß noch nicht was. Er _____ in die Stadt und _____ ein Geschenk. Er hat keine _____, denn _____, _____ und _____ hat sie schon. Dann _____ er Micky und Minnie. Minnie _____ sofort eine Idee. Sie weiß, Annabella _____ einen Pelz. Goofy findet die Idee _____. Deshalb _____ er in ein Pelzgeschäft. Der Verkäufer _____ _____ einen Pelzmantel. Der _____ 2000,–DM. Goofy _____ das zu teuer. _____
_____
_____

1. Birgit und Uta möchten eine Vase für einen Freund kaufen.
Sie möchten nur 30,– DM ausgeben.

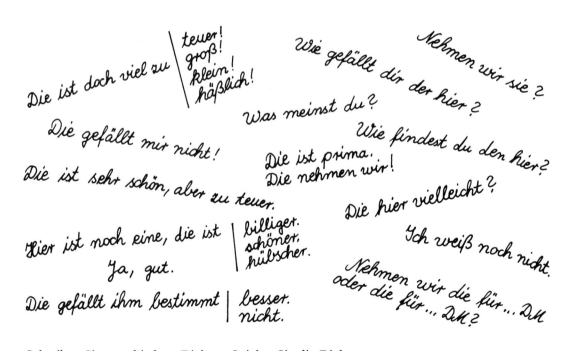

Schreiben Sie verschiedene Dialoge. Spielen Sie die Dialoge.
Die Sätze sind nur Beispiele.
Sie können auch eine Tasche, ein Bild, . . . nehmen.

2. Schreiben Sie einen Comic.

...die Kamera der unbegrenzten Möglichkeiten...

Jetzt endlich können Sie fotografieren und filmen mit einem einzigen Gerät. Sie brauchen keine komplizierte Kamera, sondern nur die technisch perfekte

Bilderstar rx3

Sie arbeitet (voll)elektronisch und ist einfach zu bedienen.

Wenn Sie filmen möchten, drücken Sie den roten Auslöser. Wenn Sie lieber Einzel-Dias machen wollen, drücken Sie den schwarzen Auslöser.

Und noch etwas Besonderes:

Bilderstar rx3

ist die erste Kamera der Welt, die mit Sonnenenergie arbeitet. Eingebaute Solar-Zellen formen normales Tageslicht in Energie für die aufladbare Batterie um.
So brauchen Sie erst nach fünf Jahren eine neue Batterie.

Eine erstaunliche Kamera zu einem noch erstaunlicheren Preis!

... Spitzentechnik zu einem fairen Preis.

1. Was verstehen Sie hier?

2. Wo steht das im Text?

    a) Man kann mit der Kamera filmen.
    b) Man kann mit der Kamera auch fotografieren.
    c) Sie hat Solarzellen.
    d) Sie ist nicht zu teuer.
    e) Sie ist praktisch.

3. Vielleicht möchten Sie noch etwas über die Kamera wissen? Was?

Auf der Foto-Messe

Frau Lefèbre von der Firma Bonphoto in Brüssel besucht die Foto-Messe in Köln. Die ist alle zwei Jahre in Köln.

1. Hören Sie den Dialog.

2. Was erklärt der Mann Frau Lefèbre?

3. Hören Sie den Dialog noch einmal.

4. Was fragt Frau Lefèbre? Was fragt sie nicht?   ja | nein
    a) „Kann ich Ihnen helfen?"
    b) „Können Sie mir den Apparat hier erklären?"
    c) „Ist der Apparat neu?"
    d) „Wie funktioniert der Apparat?"
    e) „Ist der Apparat teuer?"
    f) „Woher kommen Sie?"
    g) „Wie lange hat man Garantie?"
    h) „Wann können Sie den Apparat liefern?"

P. 134–5

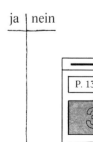

5. Vergleichen Sie Anzeige und Dialog.
   Welche Informationen sind neu im Gespräch?

Dem „kleinen Kaufmann" geht es schlecht.

„Zu vermieten" liest man oft an Türen und Fenstern von kleinen Geschäften. Warum müssen sie schließen? Wir fragten Geschäftsleute in einer Straße in München.

Das kleine Geschäft an der Ecke z. B. gibt es schon seit dreißig Jahren. Hier kann man Gemüse, Brot und Milch bekommen. Die Leute kommen gern, denn die Lebensmittel sind frischer als im Supermarkt, und die Bedienung ist persönlicher. „Das Geschäft ist eigentlich gut", sagt der Besitzer, „aber die Miete wird jedes Jahr teurer. Noch kann ich sie bezahlen, aber in zwei oder drei Jahren vielleicht nicht mehr."
Auch die anderen Geschäfte in der Straße haben das Problem: der Friseursalon, das Bettengeschäft und das Modegeschäft. Das Schuhgeschäft und der Modeladen schließen deshalb. Das Bettengeschäft und der Friseursalon ziehen in billigere Straßen um. „Der Ver-

mieter möchte jetzt 5.000,– Mark haben, das sind 150 % mehr", erklärt uns die Besitzerin des Friseursalons, „aber ich kann nur 3000,– Mark bezahlen. Deshalb suche ich einen neuen Laden." Wer aber kann dann 70,– Mark pro Quadratmeter bezahlen? Meistens sind es Versicherungen, Banken, Kaufhäuser, Supermärkte und teure Boutiquen.

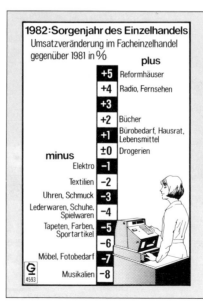

1982: Sorgenjahr des Einzelhandels
Umsatzveränderung im Facheinzelhandel gegenüber 1981 in %

	plus	
	+5	Reformhäuser
	+4	Radio, Fernsehen
	+3	
	+2	Bücher
	+1	Bürobedarf, Hausrat, Lebensmittel
	±0	Drogerien
minus		
Elektro	–1	
Textilien	–2	
Uhren, Schmuck	–3	
Lederwaren, Schuhe, Spielwaren	–4	
Tapeten, Farben, Sportartikel	–5	
	–6	
Möbel, Fotobedarf	–7	
Musikalien	–8	

Viele kleine Geschäfte verkaufen heute weniger als früher. Besonders schlecht geht es den Musik-, Foto- und Möbelgeschäften, denn die Leute brauchen nicht immer wieder neue Mixer, Toaster, Fotoapparate und Möbel. Einigen Geschäften, wie z. B. Drogerien und Lebensmittelgeschäften geht es etwas besser, aber auch sie haben Probleme. Nur wenigen Geschäften geht es noch gut (z. B. Reformhäuser: 5 % plus). Das kann man erklären: Immer mehr Bundesdeutsche essen „Reformkost", „Naturkost", „Bio-Kost", denn sie wollen „natürlich" essen und kaufen deshalb im Reformhaus. Auch die Radio- und Fernsehgeschäfte verkaufen noch gut, denn hier gibt es immer wieder etwas Neues wie z. B. Video.

Junge Leute in der Bundesrepublik können schon viel Geld ausgeben, mit 10 – 14 Jahren bekommen sie ungefähr 45,– Mark im Monat, mit 15 – 19 Jahren sind es dann schon ungefähr 250,– Mark. In der Bundesrepublik gibt es 10 Millionen Jugendliche im Alter von 10 – 19 Jahren, d. h. alle Kinder und Jugendlichen zusammen haben im Monat mehr als 1,2 Milliarden Mark.

Eine phantastische Summe! 25 % der Summe kommt meistens auf ein Bankkonto, aber der Rest wandert Monat für Monat in die Kassen der Geschäfte, Caféterias, Eisdielen, Schnellimbisse, Kinos, Diskotheken, Reisebüros etc.

Deshalb sind auch junge Leute für Industrie und Geschäftsleben interessant.

Die Industrie produziert viele Artikel extra für Jugendliche, und in den Modegeschäften gibt es oft spezielle Abteilungen. Sie heißen: „Young fashion", „Young corner" oder „Teens und twens". Mit diesen internationalen Namen möchten die Geschäfte ihre Artikel interessant machen. Die Geschäftsleute denken: Ein internationaler, phantasievoller Name gefällt den jungen Leuten bestimmt besser als ein langweiliger deutscher.

Auf die Frage: „Was macht ihr eigentlich mit eurem Geld?" antworten die meisten Jugendlichen: „Wir geben es für Essen, Süßigkeiten und Getränke aus."

TASCHENGELD

Verwendung des freien Einkommens im letzten Monat (1976)				
HÄUFIGKEIT DER NENNUNGEN	**JUNGEN**		**MÄDCHEN**	
	10-14 J.%	15-19 J.%	10-14 J.%	15-19 J.%
Essen, Süßigkeiten	79	57	81	63
Getränke	51	76	43	61
Bücher, Zeitschriften etc.	49	51	49	57
Ausgehen, Kino, Diskothek	20	71	20	46
Schallplatten, Kassetten	23	41	16	30
Kleidung	3	27	12	46
Schulsachen	14	22	14	24
Tabakwaren	3	35	3	27
Körperpflege, Kosmetika	1	9	8	51
Rad, Moped, Auto	11	36	4	8
Spielsachen	28	4	12	2
Ausflüge, Reisen	3	18	3	17

Aus: McCann Jugendstudie 1976, S. 58

Zum Beispiel ... Hamburg

Hamburg ist nicht die Hauptstadt der
Bundesrepublik Deutschland, und es ist auch
nicht die größte Stadt.

Was ist also an Hamburg interessant?
Hamburg ist ein Stadtstaat, das heißt,
es ist nicht nur eine Stadt, sondern
auch ein Land. Die Bundesrepublik
Deutschland hat 16 Bundesländer,
und Hamburg ist eins davon. Der Hamburger
Bürgermeister ist gleichzeitig einer von
den sechzehn Ministerpräsidenten.

Hamburg ist eine Stadt mit viel Wasser.
Es gibt zwei Flüsse (die Elbe und die Alster),
mehr Kanäle als in Venedig und
2125 Brücken.

Im Hamburger Hafen arbeiten
80 000 Menschen. Hier kommen im
Jahr etwa 20 000 Schiffe an und bringen
60 Millionen Tonnen Ware.

Hamburg ist eine Pressemetropole:
Hamburger Zeitungen liest man überall
in der Bundesrepublik. Am bekanntesten
sind: die „Bild-Zeitung" (5 Millionen
Exemplare pro Tag), die „Zeit", der „Stern",
der „Spiegel" und „Hör zu".

Hamburg ist auch eine Kulturmetropole:
es gibt 20 Museen, 17 Theater,
60 Kunstgalerien und fast 100 Kinos.

Hamburg hat aber auch seine Probleme:
Der Schiffsverkehr und die Industrie werden
immer größer, deshalb werden die Elbe und die
Nordsee immer schmutziger. Die Fische sterben,
die Fischindustrie geht langsam kaputt.
Und die Stadt braucht immer mehr Energie
für die Industrie und die privaten Haushalte.
Hamburg möchte deshalb noch weitere
Atomkraftwerke bauen. Aber viele Leute
wollen keine Atomenergie.

Den meisten Hamburgern aber gefällt ihre Stadt:
98% möchten nur hier leben. Und auch für 20%
Bundesdeutsche ist Hamburg noch immer die
„Traumstadt".

Die Bürgerschaft.

Der Hafen.

Verschmutzte Elbe bei Hamburg.

2

Hansa Busreisen Hamburg

Hans Hansen, Inh.

Abfahrt tägl. 10, 12, 14, 17 Uhr am Hauptbahnhof

Erwachsene 10,– DM   Kinder 8,– DM

①

Die Köhlbrandbrücke über der Elbe.

②

Der Elbtunnel. Unter der Elbe.

③

Mitten in der Stadt: Die Alsterarkaden an der Alster: „Venedig" in Hamburg.

④

⑤

Das Wahrzeichen von Hamburg: Der „Michel" (die Sankt-Michaelis-Kirche). – Vor dem Turm: Das Bismarck-Denkmal

Sankt Pauli bei Nacht. Cafés neben Kinos, Hotels neben Nachtclubs.

⑥

Segelboote auf der Alster. Hinter ihnen: die Sankt-Nikolai-Kirche aus dem Jahre 1842, (links) und der Rathausturm aus dem Jahre 1897 (rechts). Zwischen den Türmen: ein modernes Bürohaus.

P. 170, 1

1. Lesen Sie den Prospekt.

2. Hören Sie den Text:
   Wohin fährt der Bus zuerst? (Bild Nr. . . .?)
   Und dann . . .? (Bild Nr. . . .?)

1. Zwischen – vor – neben – auf – hinter.
Welche Präposition paßt?
Ergänzen Sie auch den Artikel.

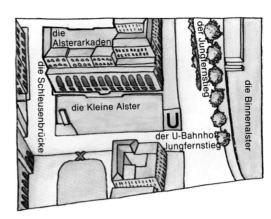

Links ... ... Binnenalster liegt
der Jungfernstieg.
Die Alsterarkaden liegen ... ...
Schleusenbrücke und ... Jungfernstieg.
... ... Alsterarkaden ist die Kleine Alster.
... ... Jungfernstieg ist
der U-Bahnhof Jungfernstieg.
Die Alsterarkaden liegen ... ...
Kleinen Alster.

P. 170, 2 + 3

2. Treffpunkt Landungsbrücken

○ Wo treffen wir uns morgen?
  □ An den Landungsbrücken.
○ Und wo da? Auf der Brücke?
  □ Nein, lieber im Restaurant.
○ Oder am Eingang Brücke 3?
  □ Also gut, am Eingang.

Präposition + Dativ

in
hinter
an
auf   } dem Fernsehturm
über   der Kirche
unter   dem Rathaus
vor
zwischen
neben
! an + dem = am
! in + dem = im

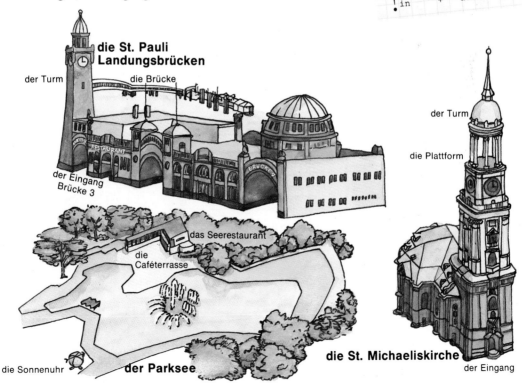

die St. Pauli
Landungsbrücken

der Turm   die Brücke

der Eingang
Brücke 3

das Seerestaurant

die
Caféterrasse

die Sonnenuhr   der Parksee

der Turm

die Plattform

die St. Michaeliskirche

der Eingang

3. Bernd sucht seine Brille. Wo ist sie? Schreiben Sie.

a) _vor dem_ _____

d) _____

g) _____

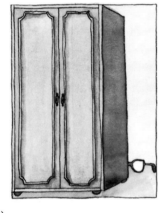

b) _____

e) _____

h) _____

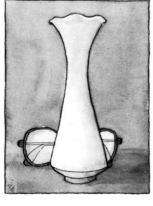

c) _____

f) _____

i) _____

4. Wer wohnt wo?

a) Wer wohnt neben Familie Reiter, aber nicht unter Familie Huber? *Familie Meier.*
b) Wer wohnt hinter dem Haus? _____
c) Wer wohnt neben Familie Meier, aber nicht über Familie Becker? _____
d) Wer wohnt neben Familie Reiter, aber nicht über Familie Schulz? _____
e) Wer wohnt vor dem Haus? _____
f) Wer wohnt neben Familie Schulz, aber nicht unter Familie Korte? _____
g) Wer wohnt zwischen Familie Holzmann und Familie Huber, aber nicht über Familie Meier?
_____
h) Wer wohnt neben Familie Berger, aber nicht über Familie Walter? _____
i) Wer wohnt zwischen Familie Becker und Familie Berger? _____

5. Was stimmt hier nicht? Schreiben Sie.

Auf der Couch liegt ein Teller. _____
Vor der Tür _____

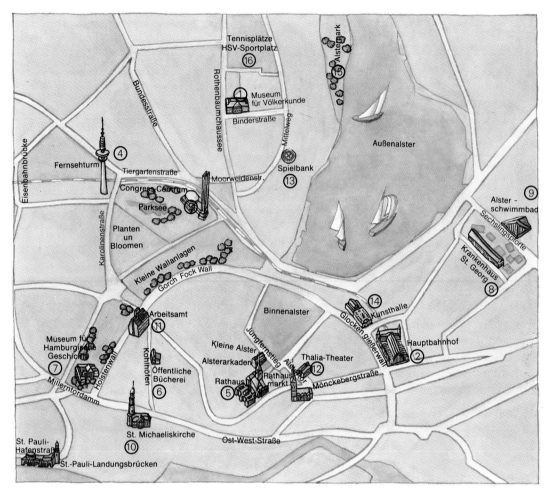

1. WO ist . . .?

○ Wo ist

das Rathaus, Thalia-Theater,
Arbeitsamt, Krankenhaus St. Georg,
Museum für
Hamburgische Geschichte?

die Kunsthalle, Alsterschwimmhalle,
Sankt Michaeliskirche,
Öffentliche Bücherei, Spielbank?

der Hauptbahnhof, Alsterpark,
HSV-Sportplatz,
Tennisplatz Rothenbaum?

▣ In der . . . straße.
Am . . . platz/markt.

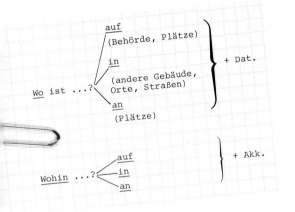

2. a) WO kann man. . . ?

O Wo kann man | spazierengehen?
eine Arbeit suchen?
Fußball spielen?
schwimmen?
Bücher leihen?
segeln?
schnell einen Arzt finden?
. . .

■ Im . . .
In der . . .
Auf dem . . .
Auf der . . .

b) Sie möchten . . .

O Sie möchten | spazierengehen.
ein Buch leihen.
schwimmen gehen.
lesen.
Fußball spielen.
. . .

Sie brauchen schnell einen Arzt.
Sie suchen eine Arbeit.

. . .

WOHIN gehen Sie dann?

P. 171, 4a + 5

■ In den . . .
In die . . .
Ins . . .

Auf den . . .
Auf die . . .
Aufs . . .

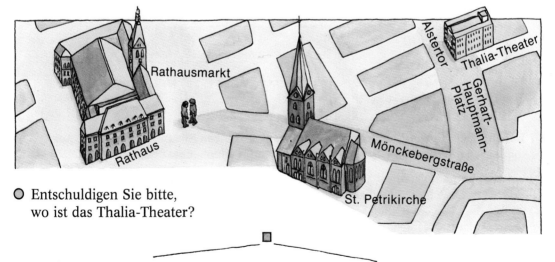

Rathausmarkt

Rathaus

St. Petrikirche

Mönckebergstraße

Gerhart-Hauptmann-Platz

Alstertor

Thalia-Theater

O Entschuldigen Sie bitte,
wo ist das Thalia-Theater?

Das Thalia-Theater, das ist am Alstertor.
Sie gehen hier die Mönckebergstraße immer
geradeaus, an der St. Petrikirche vorbei
bis an die Kreuzung Gerhart-Hauptmann-Platz.
Und dort dann links. Nach ungefähr 300 m ist
rechts das Thalia-Theater.

Tut mir leid,
das weiß ich nicht.
Ich bin auch fremd hier.

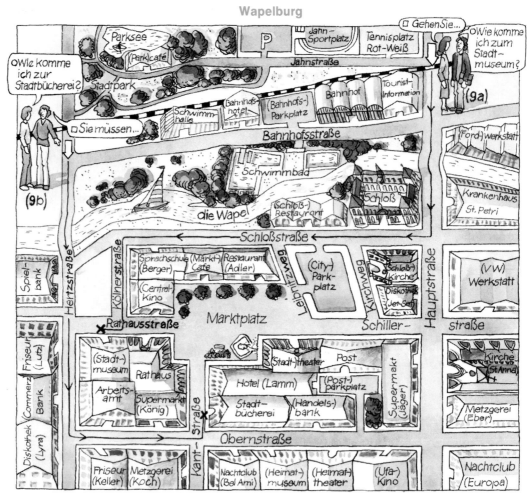

Wapelburg

1. **Beschreiben Sie den Stadtplan. Wo liegt was? Ergänzen Sie ‚in‘, ‚an‘, ‚neben‘, ‚vor‘, ‚hinter‘ oder ‚zwischen‘. ‚Der‘ oder ‚ein‘, ‚die‘ oder ‚eine‘, ‚das‘ oder ‚ein‘?**

a) _Der_ Postparkplatz liegt _hinter_ _einem_ Supermarkt.

b) _Hinter_ _dem_ Supermarkt Jäger liegt _ein_ Parkplatz.

c) _Neben_ _dem_ Schloß ist _ein_ Restaurant.

d) _Das_ Markt-Café liegt _neben_ _dem_ Restaurant.

e) _Das_ Schwimmbad liegt _an_ _der_ Wapel.

f) _Zwischen_ _der_ Sprachschule Berger und _dem_ Restaurant Adler ist _ein_ Café.

g) _Neben_ _dem_ Schloß ist _das_ Schloßrestaurant.

h) _Die_ Tourist-Information ist _an_ _der_ Bahnhofstraße _neben_ _dem_ Bahnhof.

i) _Das_ Parkcafé liegt _am_ Parksee.

j) _Der_ Jahn Sportplatz liegt _zwischen_ _dem_ Tennisplatz Rot-Weiß und _dem_ Parkplatz.

2. Spielen Sie weitere Dialoge. Nehmen Sie den Plan auf Seite 142.
Sie sind am Rathaus und suchen das Congress-Centrum, die St. Michaeliskirche, die Öffentliche
Bücherei, . . .

P. 171, 7

○ Entschuldigen Sie bitte,
  wo ist . . .?

Sie gehen hier	immer geradeaus bis . . .	
	an der	Kreuzung	links.
		Kirche	rechts.
	am . . .	vorbei.

□ Dann	die erste/zweite/dritte/	links.
	vierte Straße	rechts.
	an der Markthalle	
	am Schwimmbad	
	vor der . . ./vor dem . . .	
	hinter der . . ./hinter dem	

3. Wo kann man . . .? Schreiben Sie.

○ Wo kann man in Wapelburg . . .

a) Geld wechseln? *auf der Bank*
b) spazierengehen? *im Stadtpark*
c) Kuchen essen? *im Marktcafé*
d) um 3.00 Uhr nachts noch Wein trinken? *in Nacht club*
e) ein Hotelzimmer bekommen? *im Hotel Lamm*

f) Bücher leihen? *in der Stadtbücherei*
g) Fußball spielen? *auf dem Fußballplatz*
h) essen?
i) Lebensmittel einkaufen? *im Supermarkt*
j) Fleisch kaufen? *in der Metzgerei*

□ Am besten . . .
a) *auf der Handelsbank.*
b) *im* _____
c) _____
Ebenso d–j

□ Am besten *gehen* Sie . . .
a) *auf die / zur Handelsbank.*
b) _____
c) _____
Ebenso d–j

4. Ergänzen Sie.

a) Schiff – Fluß : Auto – _____ *Straße* _____
b) Schwimmhalle – schwimmen : Tennisplatz – _____
c) Bahn – Bahnhof : Schiff – _____
d) Post – telefonieren : Bücherei – _____
e) Auto – fahren : Segelboot – _____
f) Kunsthalle – Bilder : Kino – _____
g) mit der U-Bahn – fahren : mit dem Schiff – _____
h) Spielbank – Roulette spielen : Fußballplatz – _____
i) Bus – fahren : Flugzeug – _____

1. Entschuldigung, wir suchen . . .

1. Sehen Sie in den Plan auf Seite 142 und hören Sie zu.

der Fernsehturm

Eisenbahnbrücke

Lagerstraße

2. Der Autofahrer ist am Fernsehturm.

a) Wohin möchte der Autofahrer fahren?
b) Wohin fährt der Autofahrer wirklich?
c) Ist die Information falsch,
   oder fährt der Autofahrer falsch?
d) Wie muß der Autofahrer jetzt fahren?
   Erklären Sie ihm den Weg.

2. Wie komme ich zur/zum . . .? Ergänzen Sie.

a) ○ Wie komme ich _zum_ Stadtmuseum?
   □ Gehen Sie hier die Hauptstraße geradeaus
   _____ _____ Wapel bis _____ Schloß. Dort
   _____ Schloß rechts, dann immer geradeaus,
   _____ _____ Parkplatz vorbei bis _____ Kreu-
   zung Kölner-Straße. Dort _____ _____ Sprach-
   schule links. Dann die Kölner-Straße geradeaus bis
   _____ Rathausstraße. Dort rechts. Das Stadtmu-
   seum ist _____ _____ Rathaus.

b) ○ Wie komme ich _____ Stadtbücherei?
   □ Sie müssen hier die Hertzstraße geradeaus gehen, _____ _____ Wapel, _____ _____
   Spielbank und _____ _____ Commerzbank vorbei, bis Sie _____ _____ Diskothek
   kommen. Dort _____ _____ Diskothek gehen Sie links _____ _____ Obernstraße bis
   _____ Supermarkt König. _____ _____ Supermarkt müssen Sie links. Rechts sehen
   Sie dann schon die Stadtbücherei.

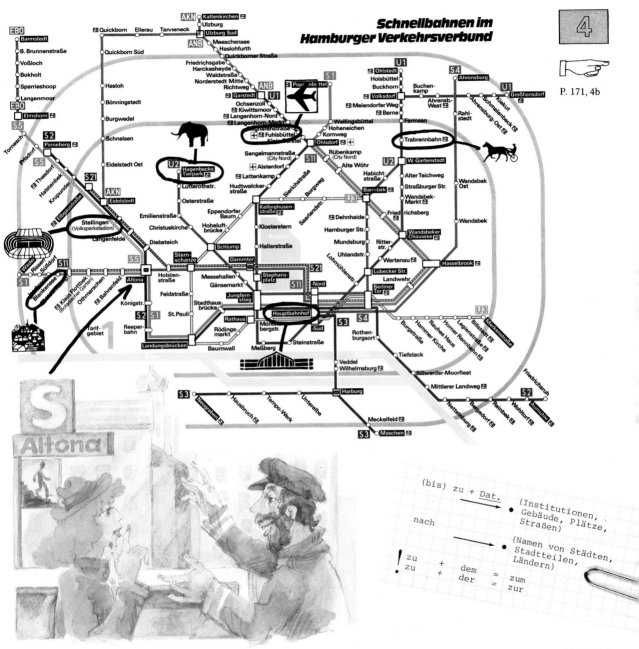

Schnellbahnen im
Hamburger Verkehrsverbund

○ Entschuldigung, wie komme ich zum Rathaus?

□ Nehmen Sie die S 1 oder die S 2 bis zu den Landungsbrücken.
Steigen Sie dann in die U 3 Richtung Merkenstraße um, und fahren Sie bis zum
Rathaus. Das ist die dritte Station.

Spielen Sie weitere Dialoge.

1. Was können Sie auch sagen?

a) *Nehmen Sie die S1 bis Barmbek.*
   Ⓐ Die S1 fährt bis Barmbek.
   Ⓑ Fahren Sie mit der S1 bis Barmbek.
   Ⓒ Sie können bis Barmbek fahren.

b) *Wo kann man hier telefonieren?*
   Ⓐ Kann man auf der Post telefonieren?
   Ⓑ Möchten Sie telefonieren?
   Ⓒ Wo ist hier ein Telefon?

c) *Wie komme ich zum Marktplatz?*
   Ⓐ Kommt man geradeaus zum Marktplatz?
   Ⓑ Wo kommt der Marktplatz?
   Ⓒ Können sie mir den Weg zum Marktplatz zeigen?

d) *Ich bin auch fremd hier.*
   Ⓐ Ich kenne Hamburg auch nicht.
   Ⓑ Ich bin auch Ausländer.
   Ⓒ Ich arbeite auch nicht hier.

e) *Das Thalia Theater ist am Alstertor.*
   Ⓐ Das Thalia Theater liegt am Alstertor.
   Ⓑ Das Thalia Theater gibt es am Alstertor.
   Ⓒ Am Thalia Theater ist das Alstertor.

f) *Steigen Sie am Dammtor in die S11 um.*
   Ⓐ Sie können die S11 zum Dammtor nehmen.
   Ⓑ Fahren Sie bis zum Dammtor und nehmen Sie dann die S11.
   Ⓒ Die S11 fährt zum Dammtor.

2. Welches Wort paßt nicht?

a) Rathaus – Post – ~~Kirche~~ – Arbeitsamt
b) Schwimmhalle – Diskothek – Tennisplatz – Sportzentrum
c) Kanal – Fluß – See – Straße
d) Hauptbahnhof – Kunsthalle – Theater – Museum
e) Theater – Diskothek – Nachtclub – Spielbank
f) Tennisplatz – Spielbank – Schwimmhalle – Sportplatz
g) Hauptbahnhof – Auto – Richtung – Station
h) Kreuzung – Platz – Kanal – Straße
i) Auto – Parkplatz – Bahn – Bus
j) Flugzeug – Taxi – Bus – Auto

3. Ihre Grammatik: Ergänzen Sie.

a) ○ Wie komme ich am schnellsten zum Alsterpark?
b) □ Am besten nehmen Sie das Schiff.
c) ○ Kann ich nicht mit der U-Bahn fahren?
d) □ Zum Alsterpark fährt keine U-Bahn.

	Inversions-signal	Subjekt	Verb	Subjekt	Angabe	obligatorische Ergänzung	Verb
a)	*Wie*		*komme*	*ich*	*am schnellsten*	*zum Alsterpark?*	
b)							
c)							
d)							

Hamburg – das Tor zur Welt

ALLE WEGE NACH HAMBURG

Hamburg ist einer der größten Seehäfen in Europa. Es liegt zwar nicht direkt am Meer, sondern an einem Fluß, an der Elbe. Sie fließt 110 Kilometer weiter nördlich in die Nordsee. Man kann daher Hamburg mit dem Seeschiff erreichen. Aber auch mit dem Flugzeug, dem Auto und mit der Bahn gibt es gute Verbindungen nach Hamburg.

Mit dem Schiff

Täglich kommen ungefähr 60 Schiffe in den Hafen. Jeden Tag liegen hier 150 bis 220 Schiffe an den Kaimauern. Im Monat gibt es ungefähr 400 regelmäßige Schiffsverbindungen nach Häfen in Europa, Amerika, Afrika und Asien. Von Hamburg fahren Schiffe in 1.300 Hafenstädte in der ganzen Welt.

Auf der Elbe kommen die Schiffe aus der Tschechoslowakei durch die Bundesrepublik Deutschland bis nach Hamburg. Es gibt auch eine direkte Wasserstraße zwischen Ost- und Nordsee, den Nord-Ostseekanal. Er führt von der Elbe durch Schleswig-Holstein zur Ostsee in Kiel und verbindet Hamburg mit Skandinavien. So ist Hamburg ein wichtiger Transitplatz für Waren aus der Tschechoslowakei, aus Österreich, Skandinavien und Ungarn.

Mit der Bahn

Auch mit der Bahn kommt man schnell nach Hamburg. Vom Hauptbahnhof, direkt im Stadtzentrum, fahren täglich 68 Züge in viele große Städte in Europa.

Mit dem Auto

Alle Autobahnen zwischen Skandinavien und Mittel- und Westeuropa führen durch Hamburg. So können Sie direkt in den Hamburger Hafen und ins Stadtzentrum fahren. Die A7 zum Beispiel kommt von Süddeutschland und geht direkt am Containerzentrum im Hamburger Hafen vorbei nach Dänemark.

Mit dem Flugzeug

Täglich landen in Hamburg ungefähr 139 Linienflugzeuge auf dem Flughafen Fuhlsbüttel. Direkte Flugverbindungen gibt es z. B. nach Amsterdam, Anchorage, Berlin, Brüssel, Düsseldorf, Frankfurt/M., Helsinki, Kopenhagen, Köln, London, München, Oslo, Paris, Stockholm, Stuttgart und Zürich.

B3

P. 171, 5 + 6

1. Was ist richtig (r)? Was ist falsch (f)?

a) Seeschiffe können nicht in den Hamburger Hafen fahren. f

b) Der Hamburger Hafen liegt an der Nordsee. f _an der Elbe_

c) Der Hamburger Hafen liegt direkt im Stadtzentrum. f

d) Schiffe aus 1300 Hafenstädten in der ganzen Welt fahren nach Hamburg. f _von Hamburg_

e) Regelmäßige Schiffsverbindungen gibt es nur zwischen Hamburg und Häfen in Europa. _bis Asien_

f) Die Elbe fließt durch die Tschechoslowakei und durch Deutschland. f

g) Für Schiffe ist die Elbe eine günstige Verbindung zwischen Hamburg und Osteuropa. f

h) Man kann mit der Bahn direkt ins Stadtzentrum fahren. r

i) Autobahnen führen direkt in den Hamburger Hafen. r

j) Nur Flugzeuge aus der Bundesrepublik Deutschland landen auf dem Flughafen Fuhlsbüttel. f

k) Die Verkehrsverbindungen nach Hamburg sind günstig. r

convenent

2. Wie komme ich zum/nach . . . ? Schreiben Sie.

a) Hauptbahnhof – U-Bahn

☐ *Wie komme ich zum Hauptbahnhof?*

○ *Am besten mit der U-Bahn.*

Ebenso:

b) Berlin – Zug

c) Landungsbrücken – U-Bahn

d) Rathaus – Taxi

e) Alsterpark – Schiff

f) Hamburg Altona – S-Bahn

g) Köhlbrandbrücke – Bus

3. An – auf – in – über – zwischen – durch – von – zu – nach – aus.

Welche Präposition paßt? Ergänzen Sie auch den Artikel.

a) Hamburg liegt . . . Elbe, nicht . . . Nordsee.

b) . . . vielen Städten . . . Welt kann man direkt . . . Hamburg fliegen.

c) . . . Hamburg kann man direkt . . . Schweiz fliegen.

d) . . . Hamburg und New York gibt es eine direkte Flugverbindung.

e) . . . Hamburg landen die Flugzeuge . . . Flughafen Fuhlsbüttel.

f) Die Autobahnen . . . Skandinavien führen alle . . . Hamburg.

g) . . . Skandinavien und Hamburg gibt es eine Autobahn.

h) Mit der Bahn kann man . . . Hamburg . . . viele Städte . . . Europa fahren.

i) Die Bahn fährt direkt . . . Hamburger City.

j) Der Hauptbahnhof liegt . . . Hamburger City.

k) Mit Auto, Bahn und Schiff kann man . . . Hamburger Hafen fahren.

l) . . . Hamburger Hafen liegen immer 150 bis 220 Schiffe.

m) Schiffe . . . Großbritannien fahren . . . Nordsee und . . . Elbe nach Hamburg.

n) Man kann mit dem Schiff . . . Elbe . . . Bundesrepublik fahren.

o) Die Elbe fließt . . . Tschechoslowakei und . . . Bundesrepublik Deutschland . . . Nordsee.

p) . . . Elbe führt der Nord-Ostseekanal . . . Ostsee.

4. Ergänzen Sie ,in', ,an', ,auf', ,nach' und die Artikel.
Ergänzen Sie auch andere Beispiele. Bilden Sie Beispielsätze.

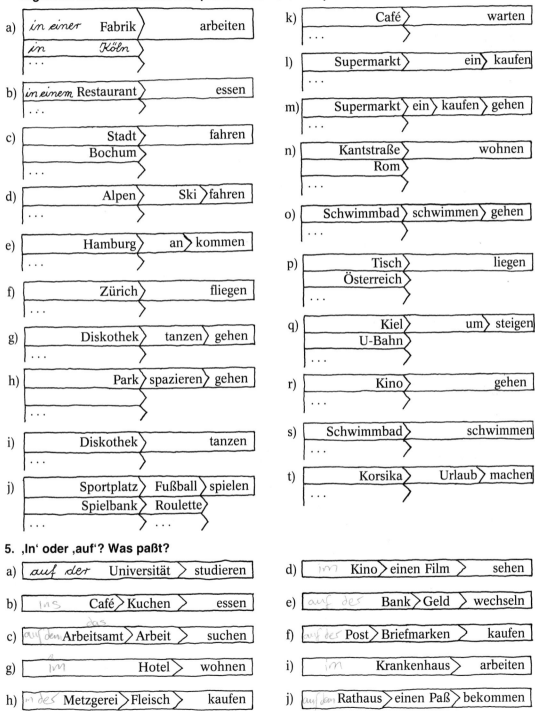

a)
in einer Fabrik ⟩ arbeiten
in Köln ⟩
... ⟩

b)
in einem Restaurant ⟩ essen
... ⟩

c)
Stadt ⟩ fahren
Bochum ⟩
... ⟩

d)
Alpen ⟩ Ski ⟩ fahren
... ⟩

e)
Hamburg ⟩ an ⟩ kommen
... ⟩

f)
Zürich ⟩ fliegen
... ⟩

g)
Diskothek ⟩ tanzen ⟩ gehen
... ⟩

h)
Park ⟩ spazieren ⟩ gehen
... ⟩

i)
Diskothek ⟩ tanzen
... ⟩

j)
Sportplatz ⟩ Fußball ⟩ spielen
Spielbank ⟩ Roulette ⟩
... ⟩ ... ⟩

k)
Café ⟩ warten
... ⟩

l)
Supermarkt ⟩ ein ⟩ kaufen
... ⟩

m)
Supermarkt ⟩ ein ⟩ kaufen ⟩ gehen
... ⟩

n)
Kantstraße ⟩ wohnen
Rom ⟩
... ⟩

o)
Schwimmbad ⟩ schwimmen ⟩ gehen
... ⟩

p)
Tisch ⟩ liegen
Österreich ⟩
... ⟩

q)
Kiel ⟩ um ⟩ steigen
U-Bahn ⟩
... ⟩

r)
Kino ⟩ gehen
... ⟩

s)
Schwimmbad ⟩ schwimmen
... ⟩

t)
Korsika ⟩ Urlaub ⟩ machen
... ⟩

5. ,In' oder ,auf'? Was paßt?

a) *auf der* Universität ⟩ studieren

b) *ins* Café ⟩ Kuchen ⟩ essen

c) *auf das den* Arbeitsamt ⟩ Arbeit ⟩ suchen

g) *im* Hotel ⟩ wohnen

h) *in der* Metzgerei ⟩ Fleisch ⟩ kaufen

d) *im* Kino ⟩ einen Film ⟩ sehen

e) *auf der* Bank ⟩ Geld ⟩ wechseln

f) *auf der* Post ⟩ Briefmarken ⟩ kaufen

i) *im* Krankenhaus ⟩ arbeiten

j) *auf dem* Rathaus ⟩ einen Paß ⟩ bekommen

6. Was paßt zusammen?

A	Wo können wir uns treffen?	1	Ist die U-Bahn nicht schneller?
B	Muß ich umsteigen?	2	Am Dammtor.
C	Nehmen Sie am besten den Bus.	3	Ja, aber die U-Bahn ist schneller.
D	Wie komme ich zum Schloß?	4	Ja, in der Klenzestraße.
E	Gibt es hier eine Post?	5	Am besten im Parkcafé.
F	Fahrt ihr Samstag an die Ostsee?	6	Nein, die ist am Glockengießer Wall.
G	Ist das Krankenhaus in der Georgstraße?	7	Nein, die fährt direkt zum Zoo.
H	Fährt eine U-Bahn nach Poppenbüttel?	8	Gehen Sie hier immer geradeaus.
I	Wo muß ich aussteigen?	9	Nein, das ist in der Lohmühlenstraße.
J	Kann ich auch den Bus nehmen?	10	Nein, wir haben keine Lust.
K	Entschuldigung, ist hier die Kunsthalle?	11	Nein, aber eine S-Bahn.

7. Was paßt zusammen? Schreiben Sie.

a) U-Bahn
Schiff
Bus
Fahrkarte

mit *der U-Bahn*
mit *d*
mit
> fahren

b) Gabel
Teller
Finger
Löffel

mit
mit
mit
> essen

c) Kugelschreiber
Schreibmaschine
Papier
Bleistift

mit
mit
mit
> schreiben

d) Deutsch
Grammatik
Wörterbuch
„Los geht's!"

mit
mit
mit
> lernen

8. Ergänzen Sie.

Hamburg, den 15.3.83

Liebe Sonja,

wir wohnen jetzt schon ein Jahr __in__ Hamburg. Man lebt hier wirklich viel besser als __in__ Köln. Komm doch mal __nach__ Hamburg. Hier kann man sehr viel machen: __in__ __den__ Musik-Club gehen und Musik hören und Leute treffen, __in__ Restaurants gut essen, __in__ Parks und __an__ __der__ Elbe spazierengehen, __auf__ __der__ Alster segeln, __in__ __der__ Altstadt einkaufen oder abends __ins__ Theater oder __ins__ Kino gehen. Am Wochenende fahren wir oft __nach__ Grömitz. Das liegt __an__ __die__ Ostsee. Dort kann man __im__ Meer schwimmen oder __am__ Strand faul __in__ __der__ Sonne liegen. Wir fahren aber auch gern __an__ __der__ Nordsee. Dort gehen wir oft __am__ Strand spazieren. Das ist phantastisch. Vielleicht können wir das einmal zusammen machen. Also, komm bald mal __nach__ Hamburg.

Herzliche Grüße
Jens und Petra

9. Lesen Sie den Brief.

Ort/Datum	*Hamburg, 3.3.1983*
Anrede	*Lieber Jonas,*
Text/ Informationen	*Du möchtest mich besuchen, das finde ich toll! Hier schicke ich Dir eine Beschreibung. Du kannst den Weg dann besser finden. Also, paß auf: am Hauptbahnhof steigst Du aus. Dann nimmst Du die U-Bahn, Linie 8 in Richtung Altona. Am Dammtor, das ist die fünfte Station, steigst Du um in die Straßenbahn in Richtung Osterbrook (das ist die Linie 15), und dann fährst Du drei Stationen bis zur Langwieder Straße. Da mußt Du aussteigen. Bis zur Kurzstraße sind es dann nur noch ungefähr 3 Minuten zu Fuß.*
Schlußsatz	*Bis Dienstag dann!*
Gruß	*Viele Grüße Tim!*

Schreiben Sie zwei Briefe nach dem Modell.

	a)	b)	c)
Ort/ Datum	Hamburg 3. 3. 1983	. . . . . .	Sie haben Geburtstag und geben eine Party.
Anrede	Lieber Jonas	Liebe . . . (Lieber) . . .	Sie möchten einen Freund/eine Freundin ein-
Infor- mationen	Hauptbahnhof aussteigen S-Bahn 8 (→ Altona) Dammtor (fünfte Station) umsteigen Straßenbahn 15 (→ Osterbrook) 3. Station Langwieder Straße 3 Minuten zur Kurzstraße	Hauptbahnhof aussteigen U-Bahn 12 (→ Eppendorf) Hoheluft-Straße (siebte Station) umsteigen Bus 38 (→ Rotherbaum) 4. Station Sedanstraße hinter dem Krankenhaus	laden. Schreiben Sie eine Einladung und erklären Sie den Weg vom Hauptbahnhof in Ihrer Stadt zu Ihrer Wohnung.
Schlußsatz	Bis Dienstag dann!	. . .	
Gruß	Tim	. . .	

P. 154–5

Hamburg à la carte

Elbe

Ohne die Elbe ist Hamburg nicht das, was es ist: das Industrie- und Handelszentrum Norddeutschlands. Doch die Elbe ist deshalb auch ein Problem. Die Industrie und der Schiffsverkehr machen den Fluß kaputt. Schwimmen kann man in der Elbe schon lange nicht mehr. Es gibt zwar immer noch Fische in der Elbe, aber die sind meistens krank, und man kann sie deshalb nicht essen. 1918 gab es noch 1800 Fischer auf der Elbe, jetzt sind es nur noch 10. Bürgerinitiativen kämpfen seit vielen Jahren für einen sauberen Fluß. Sie wollen vor allem keine neue Industrie an der Elbe. Auch die internationale Organisation Greenpeace ist in Hamburg sehr aktiv. Jeder kann in einer Bürgerinitiative mitarbeiten. Hier einige Kontaktadressen:

Fischdelikatessen oder Fischdelikt?

Bürgerinitiative Umweltschutz Unterelbe, BBU, Bartelstraße 24, 2000 Hamburg 6, Telefon 0 40/4 39 87 71.

Förderkreis „Rettet die Elbe" e. V., Dreikatendeich 44, 2103 Hamburg 95; Greenpeace, Hohe Brücke 1, 2000 Hamburg 1.

Szene

In der Bundesrepublik spricht man von der „Hamburger Szene" und meint die Live-Musik in den Musik-Kneipen und Klubs an Elbe und Alster. Die Hamburger finden, die „Szene" gibt es schon lange nicht mehr. Vielleicht ist das richtig. Trotzdem, in keiner Stadt in der Bundesrepublik gibt es jeden Abend so viele Live-Konzerte. Das Angebot ist groß: Jazz, Neue deutsche Welle, New Wave, Punk, Pop, Country-Music, Rock und Folk.

Das sind die drei wichtigsten Musikkneipen:

„Onkel Pö" – Besitzer Holger Jass

Grindelallee 5, Hamburg 13, Telefon 4 10 56 58

Es gibt vor allem Rock-Musik, und die ist nicht schlecht hier. Wieland Vogts, der Besitzer, kennt die Rock-Szene, und er hat einen guten Geschmack. Nicht nur Rock-Gruppen, auch Liedermacher und die Kleinkunst sind im Logo zu Hause.

ONKEL PÖ
Lehmweg 44, Hamburg 20, Telefon 48 26 84

„Fabrik" – Theater mit Publikum

Das Onkel Pö ist wohl einer der besten Rock- und Jazz-Klubs in Europa. Viele international bekannte Gruppen geben im Onkel Pö Gastkonzerte. Viele noch wenig bekannte Gruppen möchten hier gern spielen. Denn mit einem Konzert im Onkel Pö kann oft die Karriere anfangen.

FABRIK
Barnerstraße 36, Hamburg 50, Telefon 39 15 63

Die Fabrik ist in der ganzen Bundesrepublik bekannt. Sie ist eigentlich keine Musik-Kneipe, sondern ein großes Kommunikationszentrum. Hier kann man nicht nur Musik hören. Nachmittags können Kinder in der Fabrik z. B. malen, fotografieren, kochen, backen, Musik machen, Theater spielen und Sport treiben. Für Erwachsene gibt es abends Musik-Konzerte. Vor allem Jazz, Rock, Folk, aber auch politische Veranstaltungen sind im Programm.

Bauen und Wohnen auf dem Land

Sauerlach muß ein Dorf bleiben

Das ist die Situation in Sauerlach 1976:

Eine große Baugesellschaft möchte direkt in Sauerlach, einem Dorf bei München, eine neue Schlafstadt bauen. Das Bild rechts zeigt das Modell: eine typische Schlafstadt mit vielen Hochhäusern und nur wenig Reihen- und Einfamilienhäusern. Die Straßen sind sehr groß: gut für Autos, aber nicht für Kinder und alte Leute. Es gibt kein richtiges Zentrum mit Geschäften, Gasthöfen, Post, Kirche, Ärzten, Rathaus und Bücherei.
„Eine moderne Stadt", sagt die Baugesellschaft. Die Einwohner meinen: „Die Stadt hat kein Gesicht, sie ist kalt und ungemütlich. Man kann hier nur schlafen, aber nicht richtig leben. Sauerlach muß ein Dorf bleiben."
Sie protestieren gegen das Modell, aber auch das Gemeindeparlament möchte keine Schlafstadt in Sauerlach. Man sucht deshalb eine neue Baugesellschaft und findet sie auch.
Heute, 8 Jahre später, ist Sauerlach ein menschliches Dorf. Es gibt jetzt ein attraktives Einkaufszentrum mit allen wichtigen Geschäften. Sie liegen schön unter Arkaden und die Apotheke ist in einem Turm. Das Dorfzentrum ist aber nicht nur ein Geschäftszentrum. Viele Leute wohnen auch hier, denn über den Geschäften sind Wohnungen. „Man kann hier gut spazierengehen und Leute treffen", sagt ein Sauerlacher. Im Gasthof „Zur Post" ist abends selten ein Stuhl frei. Alles ist jetzt nicht mehr so groß, auch die Wohnhäuser haben menschliche Größen.

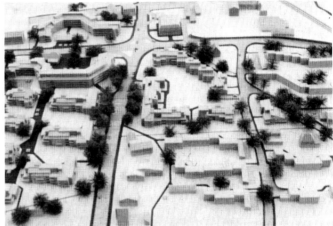

Oben: Das Modell „Schlafstadt Sauerlach"
Unten: Sauerlach heute, das Dorfzentrum

Lesson-by-Lesson Grammar Summary

Lektion 1

1. Verbs and complements in sentences

a) *Statement*   b) *Interrogative and inversion of sentence*   c) *Imperative with inversion*

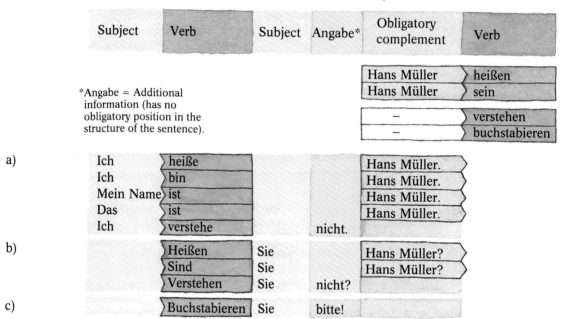

	Subject	Verb	Subject	Angabe*	Obligatory complement	Verb
					Hans Müller	heißen
					Hans Müller	sein
					–	verstehen
					–	buchstabieren
a)	Ich	heiße			Hans Müller.	
	Ich	bin			Hans Müller.	
	Mein Name	ist			Hans Müller.	
	Das	ist			Hans Müller.	
	Ich	verstehe		nicht.		
b)		Heißen	Sie		Hans Müller?	
		Sind	Sie		Hans Müller?	
		Verstehen	Sie	nicht?		
c)		Buchstabieren	Sie	bitte!		

*Angabe = Additional information (has no obligatory position in the structure of the sentence).

d) *Interrogative with inversion after a question word*

Signal for inversion	Subject	Verb	Subject	Angabe	Obligatory complement	Verb
					wer?	sein
					wie?	heißen
					woher?	kommen
					Hans Müller	sein
					Hans Müller	heißen
					aus Deutschland	kommen
Wer		ist	das?			
	Das	ist			Hans Müller.	
Wie		heißen	Sie?			
	Ich	heiße			Hans Müller.	
Woher		kommen	Sie	(denn)?		
	Ich	komme		(auch)	aus Deutschland.	

2. Personal pronoun and verb

				heißen, kommen		sein
Singular	First Person	ich		heiße komme	-e	bin
	Second Person	Sie		heißen kommen	-en	sind
	Third Person	er sie (es)		heißt kommt	-t	ist
Plural	Third Person	sie		heißen kommen	-en	sind

Lektion 2

1. Personal pronoun and verb

a) *Second Person*
Singular   du   lernst   -st

b)

Infinitive	Regular verbs lernen*	Verbs with irregularities arbeiten warten	heißen	sprechen	haben	sein
ich	lerne	arbeite warte	heiße	spreche	habe	bin
du	lernst	arbeitest wartest	heißt	sprichst	hast	bist
Sie	lernen	arbeiten warten	heißen	sprechen	haben	sind
er/ sie/ (es)	lernt	arbeitet wartet	heißt	spricht	hat	ist
sie	lernen	arbeiten	heißen	sprechen	haben	sind

similarly:
machen – leben – wohnen – kommen – schreiben – studieren – liegen – verstehen – (mögen:)
ich möchte

2. Verbs and their complements and 'Angaben'

Signal for inversion	Subject	Verb	Subject	Angabe	Obligatory complement	Verb
					was?	sein
					was?	machen
					wie alt?	sein
					wie lange?	arbeiten
					Lehrerin (von Beruf)	sein
					Mechaniker	sein
					28 Jahre alt	sein
					neu	sein
					drei Tage	arbeiten
Was		sind	Sie		von Beruf?	
	Ich	bin			Lehrerin (von Beruf).	
Was		machen	Sie?			
	Ich	bin			Mechaniker.	
Wie alt		sind	Sie?			
	Ich	bin			28 Jahre alt.	
Wie lange		arbeiten	Sie	hier?		
		Sind	Sie	hier	neu?	
	Ich	arbeite		hier erst	drei Tage.	
					was?	machen
						lernen
						studieren
						sprechen
					Deutsch	lernen
					Chemie	studieren
					Deutsch	sprechen
Was		machst	du	denn hier?		
	Ich	lerne		hier	Deutsch.	
	Ich	studiere		hier	Chemie.	
	Du	sprichst		(aber)(schon) gut	Deutsch.	

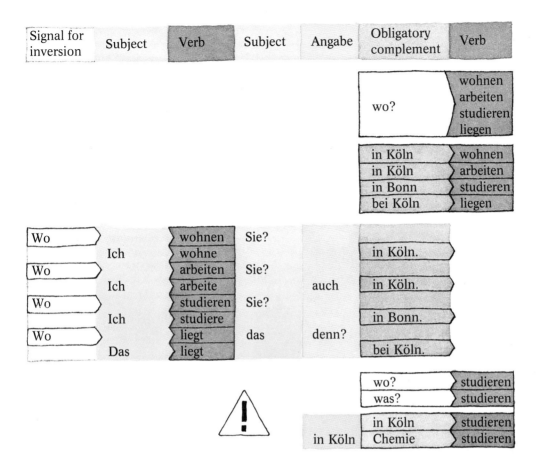

3. The modal verb 'mögen' in sentences

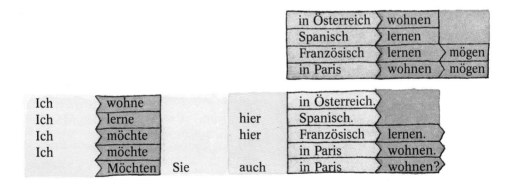

Lektion 3

1. Article and noun

		indefinite article **positive**		definite article
Singular		ein, eine, ein	kein, keine, kein	der, die, das
Plural		–	keine	die

Singular	*Masculine*	Das ist das ist 	ein kein Der	Tisch, Stuhl. Tisch ist groß.
	Feminine	Das ist das ist 	eine keine Die	Dusche, Badewanne. Dusche ist klein.
	Neuter	Das ist das ist 	ein kein Das	Schlafzimmer, Wohnzimmer. Schlafzimmer ist hell.
Plural		Das sind das sind 	 keine Die	Stühle, Tische. Stühle sind neu.

 Articles in the plural: masculine = feminine = neuter

2. Definite article/definite pronoun/personal pronoun

Singular	*Masculine*	ist Ja,	Der der er	Bungalow	in der Zeitung, noch frei? ist noch frei.
	Feminine	ist Ja,	Die die sie	Wohnung	in der Zeitung, noch frei? ist noch frei.
	Neuter	ist Ja,	Das das es	Haus	in der Zeitung, noch frei? ist noch frei.
Plural		sind Ja,	Die die sie	Bungalows	in der Zeitung, noch frei? sind noch frei.

3. Verbs and complements in sentences: qualifying complement

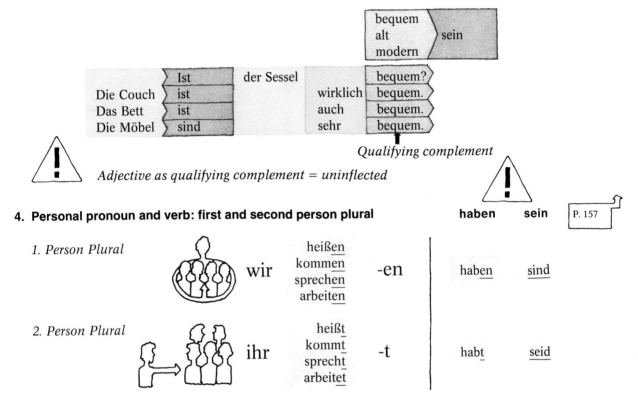

! Adjective as qualifying complement = uninflected

! Qualifying complement

4. Personal pronoun and verb: first and second person plural

haben   sein
P. 157

1. Person Plural	wir	heißen	-en	haben	sind
		kommen			
		sprechen			
		arbeiten			

2. Person Plural	ihr	heißt	-t	habt	seid
		kommt			
		sprecht			
		arbeitet			

Lektion 4

1. Nouns: plural forms

Singular	+	=	Plural	Similarly:
Kuchen	-		Kuchen	Brötchen, Zimmer, Möbel, Becher
Nagel	¨ -		Nägel	
Brot	- e		Brote	Salate, Teppiche, Tische, Stücke
Stuhl	¨ - e		Stühle	Schränke, Städte, Säfte
Flasche	- n		Flaschen	Duschen, Dosen, Kisten
Frau	- en		Frauen	Wohnungen, Packungen
Ei	- er		Eier	
Glas	¨ - er		Gläser	Männer, Häuser
Kotelett	- s		Koteletts	Appartements

P. 156, 1d

2. The accusative

a) Verbs and their complements in sentences: nominative and accusative complements

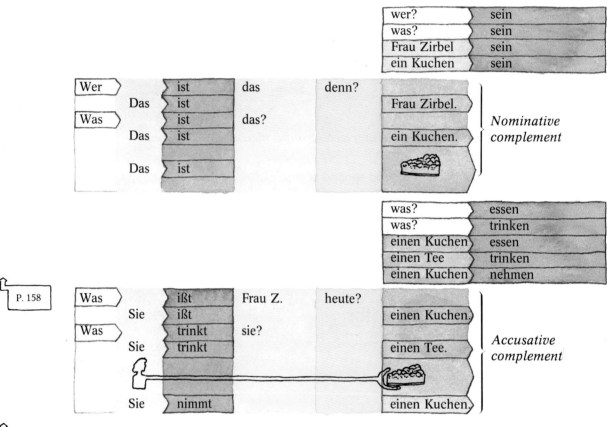

wer?	sein	
was?	sein	
Frau Zirbel	sein	
ein Kuchen	sein	

Wer	ist	das	denn?	
	Das	ist		Frau Zirbel.
Was	ist	das?		
	Das	ist		ein Kuchen.
	Das	ist		

Nominative complement

was?	essen	
was?	trinken	
einen Kuchen	essen	
einen Tee	trinken	
einen Kuchen	nehmen	

P. 158

Was	ißt	Frau Z.	heute?	
	Sie	ißt		einen Kuchen.
Was	trinkt	sie?		
	Sie	trinkt		einen Tee.
	Sie	nimmt		einen Kuchen.

Accusative complement

P. 160, 1

b) Articles in the accusative

Mascu-line	einen keinen den	Kuchen essen
Femi-nine	eine keine die	Cola trinken
Neuter	ein kein das	Brot essen
Plural	keine die	Brötchen essen

c) Verbs with an accusative complement

	was?	machen
einen	Kartoffelsalat	essen
einen	Kaffee	trinken
einen	Kuchen	nehmen
kein	Steak	bekommen
den	Fisch	bezahlen
ein	Hähnchen	kochen
eine	Flasche Wasser	kaufen
eine	Dose Milch	haben

 Es gibt keinen Kartoffelsalat.
(es gibt + *Accusative*)

3. Expressions of quantity

<u>Was</u>	trinkt Herr Meier? – Er trinkt		Bier.
<u>Wieviel</u> Bier	trinkt Herr Meier? – Er trinkt	ein Glas drei Glä<u>ser</u>	Bier. Bier.
<u>Was</u>	ißt Herr Meier? – Er ißt		Kartoffel<u>n</u>.
<u>Wieviel</u> Kartoffel<u>n</u>	ißt Herr Meier? – Er ißt	eine drei einen Teller drei Teller	Kartoffel. Kartoffel<u>n</u>. Kartoffel<u>n</u>. Kartoffel<u>n</u>.

⚠ ein Bier = ein Glas Bier; einen Kaffee = eine Tasse Kaffee

4. Inversion

a) *A question word as the signal for inversion*
b) *'Angabe' (see p. 156) as the signal for inversion*
c) *A complement as the signal for inversion*

P. 156, 1d

Was?	essen
ein Brötchen	
Suppe	essen
Salat	

a)

Was	ißt	Herr M.	zum Frühstück?	

b)

Zum Frühstück	ißt	er		ein Brötchen.

c)

	Essen	Sie	gern	Suppe?
Nein,	Suppe	esse	ich	nicht,	
aber	Salat	esse	ich	gern.	

5. Imperative

P. 156, 1c

Suppe	nehmen

Ich	möchte		noch	Suppe.
	Nehmen	Sie	doch noch	Suppe!
	Nimm		doch noch	Suppe!
	Nehmt		doch noch	Suppe!

⚠

Sie:	Nehmen Sie!	(= Infinitive + „Sie")
du:	Nimm!	(= Second p. singular without -st)
ihr:	Nehmt!	(= Second p. plural)

6. Verb forms: verbs with vowel changes/special forms

P. 157, 1b

			sprechen	essen	nehmen
Singular	1st Person	ich	spreche	esse	nehme
	2nd Person	du	spr<u>i</u>chst	<u>iß</u>t	nimmst
		Sie	sprechen	essen	nehmen
	3rd Person	er/sie/es	spr<u>i</u>cht	<u>iß</u>t	n<u>imm</u>t
Plural	1st Person	wir	sprechen	essen	nehmen
	2nd Person	ihr	sprecht	e<u>ß</u>t	nehmt
	3rd Person	sie	sprechen	essen	nehmen

Lektion 5

1. Verbs and their complements in sentences

P. 162

a) *Accusative complement*

b) *Verb complement*

P. 163, 4b

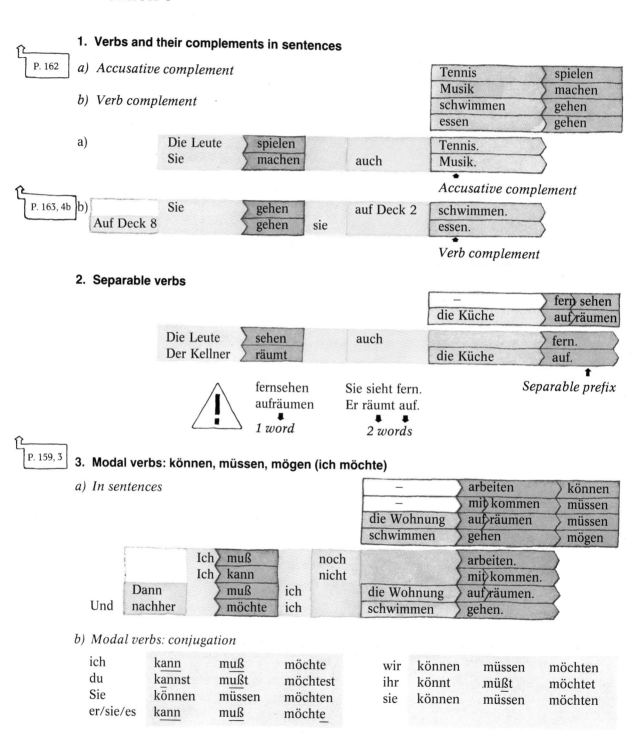

Tennis	spielen
Musik	machen
schwimmen	gehen
essen	gehen

a)

| Die Leute | spielen | | Tennis. |
| Sie | machen | auch | Musik. |

Accusative complement

b)

| | Sie | gehen | | auf Deck 2 | schwimmen. |
| Auf Deck 8 | gehen | sie | | | essen. |

Verb complement

2. Separable verbs

| – | fern sehen |
| die Küche | auf räumen |

| Die Leute | sehen | auch | | fern. |
| Der Kellner | räumt | | die Küche | auf. |

Separable prefix

⚠ fernsehen → Sie sieht fern. → →
aufräumen → Er räumt auf. → →
1 word | *2 words*

P. 159, 3

3. Modal verbs: können, müssen, mögen (ich möchte)

a) *In sentences*

–	arbeiten	können
–	mit kommen	müssen
die Wohnung	auf räumen	müssen
schwimmen	gehen	mögen

		Ich	muß	noch		arbeiten.
		Ich	kann	nicht		mit kommen.
	Dann		muß	ich	die Wohnung	auf räumen.
Und	nachher		möchte	ich	schwimmen	gehen.

b) *Modal verbs: conjugation*

ich	kann	muß	möchte		wir	können	müssen	möchten
du	kannst	mußt	möchtest		ihr	könnt	müßt	möchtet
Sie	können	müssen	möchten		sie	können	müssen	möchten
er/sie/es	kann	muß	möchte					

P. 163, 6

4. Verbs with vowel changes

ich	schlafe	fange an	wir	schlafen	fangen an
du	schläfst	fängst an	ihr	schlaft	fangt an
Sie	schlafen	fangen an	sie	schlafen	fangen an
er/sie/es	schläft	fängt an			

5. The time

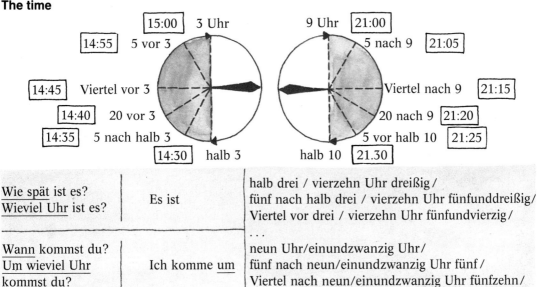

15:00	3 Uhr
14:55	5 vor 3
14:45	Viertel vor 3
14:40	20 vor 3
14:35	5 nach halb 3
14:30	halb 3

9 Uhr	21:00
5 nach 9	21:05
Viertel nach 9	21:15
20 nach 9	21:20
5 vor halb 10	21:25
halb 10	21.30

| Wie spät ist es? / Wieviel Uhr ist es? | Es ist | halb drei / vierzehn Uhr dreißig / fünf nach halb drei / vierzehn Uhr fünfunddreißig / Viertel vor drei / vierzehn Uhr fünfundvierzig / . . . |
| Wann kommst du? / Um wieviel Uhr kommst du? | Ich komme um | neun Uhr/einundzwanzig Uhr/ fünf nach neun/einundzwanzig Uhr fünf / Viertel nach neun/einundzwanzig Uhr fünfzehn/ . . . |

Lektion 6

1. Verb with vowel changes: empfehlen

P. 165, 4

ich	empfehle	wir	empfehlen
du	empfiehlst	ihr	empfehlt
Sie	empfehlen	sie	empfehlen
er/sie/es	empfiehlt		

2. Prepositions

 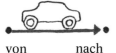 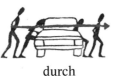

| aus | von | nach | durch | an | auf | in |

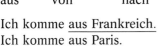

Ich komme aus Frankreich.
Ich komme aus Paris.

Ich fahre nach Italien.
Ich fahre nach Rom.

Ich fahre von Paris nach Rom.

P. 156, 1d

3. Verbs and complements in sentences: complements of direction or location

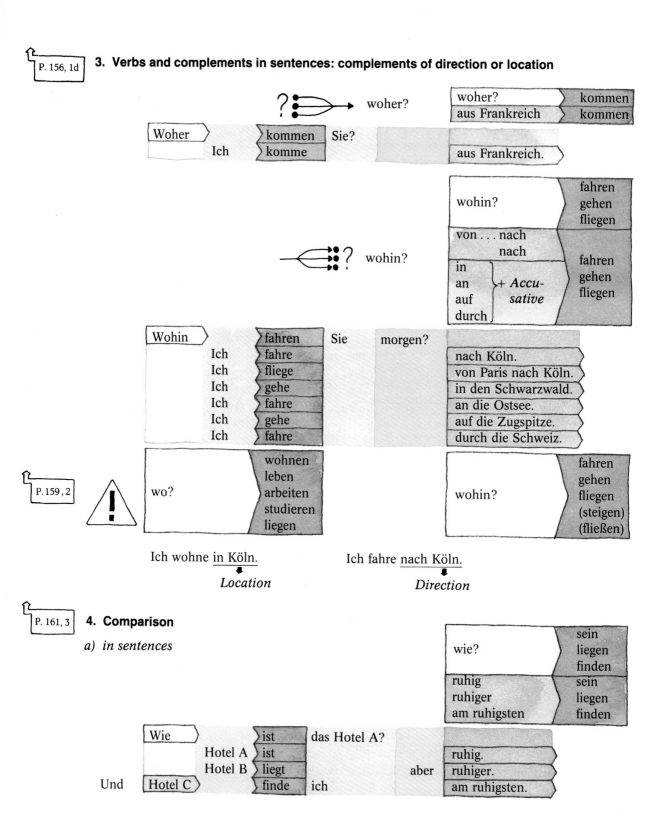

woher?

woher?	kommen
aus Frankreich	kommen

| Woher | kommen | Sie? | |
| | Ich komme | | aus Frankreich. |

wohin?

wohin?	fahren gehen fliegen
von ... nach nach	fahren gehen fliegen
in an auf durch } + Accu-sative	

Wohin	fahren	Sie	morgen?	
	Ich fahre			nach Köln.
	Ich fliege			von Paris nach Köln.
	Ich gehe			in den Schwarzwald.
	Ich fahre			an die Ostsee.
	Ich gehe			auf die Zugspitze.
	Ich fahre			durch die Schweiz.

P. 159, 2

!

| wo? | wohnen leben arbeiten studieren liegen | | wohin? | fahren gehen fliegen (steigen) (fließen) |

Ich wohne in Köln.
→ *Location*

Ich fahre nach Köln.
→ *Direction*

P. 161, 3

4. Comparison

a) in sentences

wie?	sein liegen finden
ruhig ruhiger am ruhigsten	sein liegen finden

Wie	ist	das Hotel A?	
	Hotel A ist		ruhig.
	Hotel B liegt		aber ruhiger.
Und Hotel C	finde ich		am ruhigsten.

b) Forms of comparison

	Positive	Comparative	Superlative
regular	schön	schöner	am schönsten
	modern	moderner	am modernsten
	wenig	weniger	am wenigsten
	praktisch	praktischer	am praktischsten
	teuer	teurer	am teuersten
vowel change	warm	wärmer	am wärmsten
	kalt	kälter	am kältesten
	kurz	kürzer	am kürzesten
	groß	größer	am größten
	hoch	höher	am höchsten
irregular	gut	besser	am besten
	gern	lieber	am liebsten
	viel	mehr	am meisten

P. 160
P. 162, 2b

5. Welcher, welche, welches

	Nominative	Accusative
Masculine	Welcher Gasthof ist am ruhigsten? Der Gasthof „Eden".	Welchen Zug nimmst du? Den um 8.13.
Feminine	Welche Pension ist am zentralsten? Die Pension Schröder.	Welche Maschine nimmst du? Die um 10.05.
Neuter	Welches Hotel ist am schönsten? Das Hotel „Berlin".	Welches Flugzeug nimmst du? Das um 10.05.
Plural	Welche Zimmer sind am teuersten? Die Hotelzimmer.	Welche Zimmer empfehlen Sie? Die im Hotel Mozart.

Lektion 7

1. Personal pronouns: dative

	Nominative		Dative	
1st Person	ich		mir	
2nd Person	du Sie		dir Ihnen	
3rd Person	er sie es	Carola gibt	ihm ihr ihm	ein Buch.
1st Person	wir		uns	
2nd Person	ihr		euch	
3rd Person	sie		ihnen	

Sie gibt ihm ein Buch.

P. 162

2. Verbs and their complements in sentences: verbs with accusative and dative complements

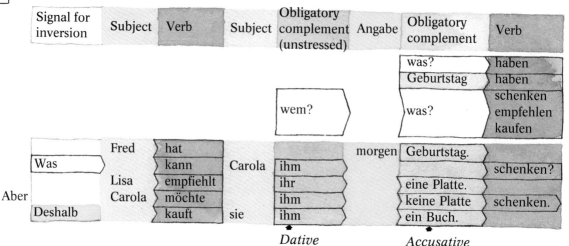

Signal for inversion	Subject	Verb	Subject	Obligatory complement (unstressed)	Angabe	Obligatory complement	Verb
						was?	haben
						Geburtstag	haben
				wem?		was?	schenken empfehlen kaufen
Was	Fred	hat			morgen	Geburtstag.	
		kann	Carola	ihm			schenken?
Aber	Lisa	empfiehlt		ihr		eine Platte.	
	Carola	möchte		ihm		keine Platte	schenken.
Deshalb		kauft	sie	ihm		ein Buch.	

↑ Dative Accusative

Verbs with accusative and dative complements

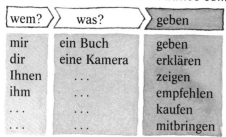

wem?	was?	geben
mir	ein Buch	geben
dir	eine Kamera	erklären
Ihnen	. . .	zeigen
ihm	. . .	empfehlen
. . .	. . .	kaufen
. . .	. . .	mitbringen

 The dative complement is not always necessary:

Wir geben eine Party.
Sie kauft ein Brot.

3. Verbs and their complements in sentences: verbs with a dative complement

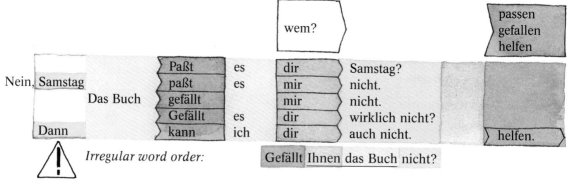

				wem?		passen gefallen helfen
Nein,	Samstag	Paßt	es	dir	Samstag?	
		paßt	es	mir	nicht.	
	Das Buch	gefällt		mir	nicht.	
		Gefällt	es	dir	wirklich nicht?	
	Dann	kann	ich	dir	auch nicht.	helfen.

⚠ *Irregular word order:* Gefällt Ihnen das Buch nicht?

4. Irregular verbs: wissen, mögen (ich mag)

ich	weiß	mag	wir	wissen	mögen
du	weißt	magst	ihr	wißt	mögt
Sie	wissen	mögen			
er/sie/es	weiß	mag	sie	wissen	mögen

5. Indefinite pronouns: einer, etwas

P. 160
P. 162, 2b

	Nominative				Accusative		
Masc.	Ist das	ein	Film?		Haben Sie	einen	Film?
	Ja, das ist	einer.			Ja, ich habe	einen.	
Fem.	Ist das	eine	Kassette?		Haben Sie	eine	Kassette?
	Ja, das ist	eine.			Ja, ich habe	eine.	
Neut.	Ist das	ein	Radio?		Haben Sie	ein	Radio?
	Ja, das ist	eins.			Ja, ich habe	eins.	
Plur.	Sind das		Radios?		Haben Sie		Radios?
	Ja, das sind	welche.			Ja, ich habe	welche.	

Indefinite pronouns in sentences

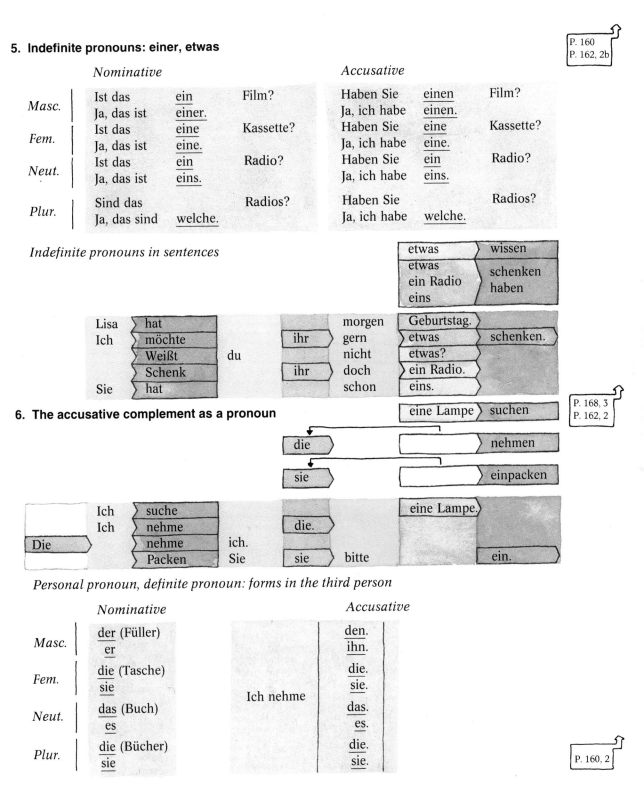

6. The accusative complement as a pronoun

P. 168, 3
P. 162, 2

Personal pronoun, definite pronoun: forms in the third person

	Nominative			Accusative
Masc.	der (Füller)			den.
	er			ihn.
Fem.	die (Tasche)			die.
	sie			sie.
Neut.	das (Buch)	Ich nehme		das.
	es			es.
Plur.	die (Bücher)			die.
	sie			sie.

P. 160, 2

Lektion 8

 P. 165, 2

1. Prepositions

vor

über

neben

hinter

unter

zwischen

 P. 166, 3

2. Location as complement: preposition + dative

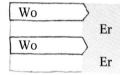 wo?

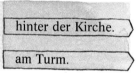 wo? sein / stehen / liegen

Wo	ist	der Turm?	
	Er steht		hinter der Kirche.
Wo	liegt	der Park?	
	Er liegt		am Turm.

3. Dative: forms

	Nominative			Dative		
Masculine	ein	Turm		auf	einem	Turm.
	der	Turm		auf	dem	Turm.
Feminine	eine	Kirche	Er steht	vor	einer	Kirche.
	die	Kirche		vor	der	Kirche.
Neuter	ein	Haus		neben	einem	Haus.
	das	Haus		neben	dem	Haus.
Plural	–	Häuser	Die Leute wohnen	in		Häusern.
	die	Häuser		in	den	Häusern.

Dative plural of nouns: -(e)n

in	den	Wohnungen
auf	den	Türmen
vor	den	Kirchen
in	den	Häusern

Exception: Plural with -s:

in den Appartements
in den Bungalows

4. Direction as complement

a) Preposition with the accusative

P. 166, 3

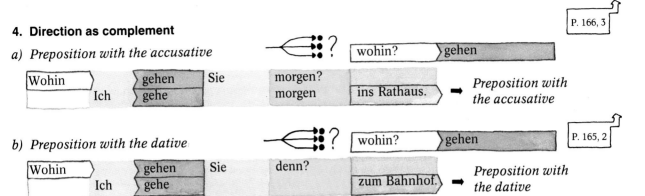

| Wohin | gehen | Sie | morgen? | | |
| | Ich gehe | | morgen | ins Rathaus. | ➡ *Preposition with the accusative* |

wohin? | gehen

b) Preposition with the dative

P. 165, 2

wohin? | gehen

| Wohin | gehen | Sie | denn? | | |
| | Ich gehe | | | zum Bahnhof. | ➡ *Preposition with the dative* |

5. Summary: prepositions which may take either the accusative or the dative)

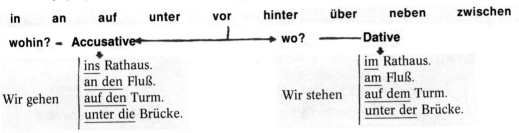

| in | an | auf | unter | vor | hinter | über | neben | zwischen |

wohin? → Accusative ←――――――――→ wo? ―――― Dative

| Wir gehen | ins Rathaus.
an den Fluß.
auf den Turm.
unter die Brücke. | Wir stehen | im Rathaus.
am Fluß.
auf dem Turm.
unter der Brücke. |

6. Summary: prepositions taking only the accusative, or only the dative

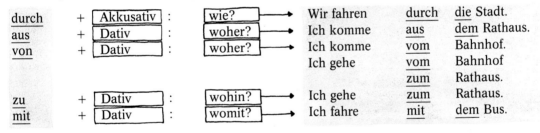

durch	+ Akkusativ	:	wie?	→	Wir fahren	durch	die Stadt.
aus	+ Dativ	:	woher?	→	Ich komme	aus	dem Rathaus.
von	+ Dativ	:	woher?	→	Ich komme	vom	Bahnhof.
					Ich gehe	vom	Bahnhof
						zum	Rathaus.
zu	+ Dativ	:	wohin?	→	Ich gehe	zum	Rathaus.
mit	+ Dativ	:	womit?	→	Ich fahre	mit	dem Bus.

7. Ordinal numbers

	der		Platz	4. der	vierte
1.	die	erste	Straße	5. der	fünfte
	das		Haus	6. der	sechste
				7. der	siebte
	der		Platz		
2.	die	zweite	Straße	20. der	zwanzigste
	das		Haus	21. der	einundzwanzigste
	der		Platz	100. der	hundertste
3.	die	dritte	Straße	101. der	hunderterste
	das		Haus	1000. der	tausendste

Vocabulary for Active Use

The list below shows, in alphabetical order with English translations, all the vocabulary items in the book which are intended for active use. Words in the reading and listening texts which are required for receptive purposes only are not included in this wordlist. (However, they *are* listed in full in the Teacher's Book.)

Each entry shows the Lektion and Section (and, where appropriate, the Exercise) where the item first appears, together with the page number. Where the item is used in this book in clearly distinct senses, the first occurrence of each separate meaning is shown.

A

ab from, off *L6 B3.4., P. 109*

abend (Montag abend) evening (Monday evening) *L5 B2.2., P. 87*

der **Abend, -e** (→ Abendessen)

das **Abendessen, -** supper *L4 B1.1., P. 60*

aber but *L2 B2.1., P. 26*

abfahren to leave, to depart *L6 B3.5., P. 109*

ach ja oh yes *L2 B2.1., P. 26*

die **Adresse, -n** address *L3 B3.3., P. 49*

alle all *L3 B2.2., P. 46*

als as *L4 B3.2., P. 73*

also gut all right, then *L8 B1.3.2., P. 139*

alt old *L2 B1.1.2., P. 20*

am [= an dem] (→ an) at the *L6 B2.1., P. 102 (am besten); L8 B1.3., P. 139*

an to *L6 B1., P. 99; L6 B3.4., P. 109*

andere others *L7 B2.2., P. 126*

at the L6 B2.1., P. 102

anfangen to begin *L5 B1.2., P. 80*

der/ **Angestellte** white collar worker, employee *L2 B1.1.1.,*
die *P. 20*

ankommen to arrive *L6 B3.4., P. 109*

ans [= an das] (→ an) to the *L6 B1.2., P. 100*

die **Ansage, -n** announcement *L6 B3.4., P. 109*

ansehen to look at *L5 B2.4., P. 93*

anstrengend tiring *L6 B3.2., P. 108*

antworten to answer *L3 B2.2., P. 38*

die **Anzeige, -n** advert *L3 B3.4., P. 52*

der **Apfel, ¨-** (→ Apfelsaft)

der **Apfelsaft, ¨-** apple juice *L4 B2.2., P. 66*

der **Apparat, -e** camera *L7 B3.2., P. 133*

die **Arbeit** work *L5 B1.2., P. 80*

arbeiten to work *L2 B1.2., P. 21*

das **Arbeitsamt, ¨-er** labour exchange; job centre *L8 B2.1.1., P. 142*

der **Architekt/die Architektin** architect *L5 B1.2., P. 80*

der **Arzt, ¨-e** doctor *L8 B2.1.2., P. 143*

die **Attraktion, -en** attraction *L6 B1., P. 99*

auch also, too *L1 B1.1., P. 9*

auf on *L5 B1.1.3., P. 79*

Auf Wiederhören Goodbye (on the telephone) *L1 B3.1., P. 16*

Auf Wiedersehen Goodbye *L1 A., P. 7*

aufräumen to tidy up *L5 B1.2., P. 80*

aufschreiben to write down *L5 B1.2., P. 81*

aufstehen to get up *L5 B1.2., P. 80*

aus from *L1 B1.2., P. 10; L8 B1.2., P. 138*

ausgeben (i) to dish up *L5 B1.2., P. 81*; (ii) to spend *L7 B2.4., P. 130*

das **Auto, -s** car *L3 B1.2., P. 43*

die **Autobahn, -en** motorway; highway *L6 B3.1., P. 107*

die **Autofahrt, -en** car journey *L6 B3.2., P. 108*

B

das **Bad, ¨-er** bathroom *L3 A., P. 39*

der **Bäcker/die Bäckerin** baker *L2 A., P. 19*

die **Badewanne, -n** bathtub *L3 B1.1., P. 41*

die **Bahn, -en** railway, train *L6 B3.1., P. 107*

die **Bahnfahrt, -en** train journey *L6 B3.2., P. 108*

der **Bahnhof, ¨-e** station *L6 B3.4., P. 109*

der **Balkon, -e** balcony *L6 B2.2., P. 103*

die **Bank, -en** bank *L5 B1.1.1., P. 79*

die **Bar, -s** bar *L5 B1.1.1., P. 79*

die **Batterie, -n** battery *L7 B2.2., P. 126*

der **Bauer, -n** farmer *L2 A., P. 19*

das **Bauernhaus, ¨-er** farmhouse *L3 B1.2., P. 43*

beantworten to answer *L1 B3.2., P. 17*

der **Becher, -** tub, carton *L4 B2.3., P. 70*

bedienen to serve *L5 A., P. 77*

bei (i) near *L2 B2.2., P. 28*; (ii) at, in (someone's home) *L4 B1.4., P. 61*; (iii) at (night) *L8 B1.2., P. 138*

beide both *L3 B3.4., P. 52*

das **Beispiel, -e** example *L7 B2.4., P. 130*

bekommen to get *L3 B3.5.1., P. 54*

benutzen to use *L6 B3.2., P. 108*

bequem comfortable *L3 B2.1.1., P. 45*

der **Berg, -e** mountain *L6 B1., P. 99*

berichten to inform, report *L2 B3.2., P. 38*

der **Beruf, -e** occupation, profession *L2 B1.1.1., P. 20*

beschreiben to describe *L3 B3.1., P. 47*

besonders especially *L6 B1., P. 99*

besser (→ gut)

bestellen to order *L4 B2.2., P. 66*

die **Bestellung, -en** order *L5 B1.2., P. 81*

bestimmt certainly, sure *L7 B2.4., P. 130*

das **Bett, -en** bed *L3 B1.1., P. 40*

beurteilen judge, criticise, decide *L4 B3.2., P. 73*

bezahlen to pay *L4 B2.4., P. 68*

die **Bibliothek, -en** library *L5 B1.1.1., P. 79*

bin (→ sein) *L1 B1.1., P. 8*

das **Bier, -e** beer *L4 A., P. 59*

das **Bild, -er** picture *L6 B1., P. 99*

billig cheap *L3 B3.1., P. 47*

bis till (up) to *L8 B2.2., P. 143*

ein bißchen a little *L2 B2.2., P. 28*

bitte? (i) pardon? *L1 A. P. 7*; (ii) please *L7 B2.3., P. 129*

die **Blume, -n** flower *L7 B1.1.3., P. 119*

der **Braten, -** (→ Schweinebraten)

brauchen to need *L4 B2.3., P. 70*

der **Brief, -e** letter *L7 B1.1.1., P. 118*

das **Briefpapier** writing paper *L7 A., P. 117*

bringen to bring *L5 B1.2., P. 80*

das **Brot, -e** bread *L4 A., P. 59*

das **Brötchen, -** roll, bun *L4 B1.1., P. 60*

die **Brücke, -n** jetty, bridge *L8 B1.3.2., P. 139*

das **Buch, ¨-er** book *L5 B1.2., P. 80*

die **Bücherei, -en** library *L8 B2.1.1., P. 142*

der **Buchhändler/die Buchhändlerin** bookseller *L5 B2.3.1., P. 92*

buchstabieren to spell *L1 B1.1., P. 8*

das **Büro, -s** office *L4 B1.1., P. 60*

das **Bürohaus, ¨-er** office-block *L8 B1.2., P. 138*

die **Butter** butter *L4 A., P. 59*
das **Butterbrot, -e** sandwich *L4 B1.1., P. 60*

C
das **Café, -s** café *L4 B1.1., P. 60*
die **Chemie** chemistry *L2 B2.1., P. 26*
die **Cola** cola *L4 B1.1., P. 60*
die **Couch, -es** couch, sofa *L3 B1.1., P. 40*

D
da (i) there *L1 B3.1., P. 16*; (ii) then *L5 B1.2.3., P. 81*
das **Dachgeschoß, Dachgeschosse** attic, top floor *L3 A., P. 39*
der **Dank** (→ Vielen Dank!)
danke thank you *L1 B1.1., P. 9*
dann (i) then (= next) *L7 B1.1.2., P. 119*; (ii) then (= so, therefore) *L7 B1.1.5., P. 120*
darüber about it *L7 B2.2., P. 126*
darum therefore *L6 B1., P. 99*
das (i) the *L3 B1.1., P. 40*; (ii) that, it *L3 B2.2, P. 46*
der **Dativ, -e** dative *L7 B1.1.2., P. 119*
dauern to take time *L6 B3.2., P. 108*
das **Deck, -s** deck *L5 B1.1.1., P. 79*
dem (→ **der, das**) to it, to that, to which *L8 B1.2., P. 138*
den (→ **der**) the, that, which, whom *L4 B2.4., P. 68*
das **Denkmal, ¨-er** statue, monument *L8 B1.2., P. 138*
der (i) the *L3 B1.1., P. 40*; (ii) that, it *L3 B2.2, P. 46*
deshalb therefore, so *L7 B1.1.1., P. 118*
Deutsch German *L2 B2.1., P. 26*
der **Deutschkurs, -e** German course *L5 B2.2., P. 87*
Deutschland Germany *L1 B1.2., P. 10*
der **Dialog, -e** dialogue *L1 B3.1., P.16*
dick fat *L4 B2.2., P. 64*
die (i) the (singular) *L3 B1.1., P. 40*; (ii) the (plural) *L3 B2.1.2., P. 45*; (iii) that, it *L3 B2.2., P. 46*
der **Dienstag, -e** Tuesday *L5 A., P. 77*
dieser, diese, dieses this *L6 B2.3.2., P. 105*
dir (→ **du**) (to) you *L7 B1.1.4., P. 120*
direkt right, directly *L6 B2.2., P. 103*
die **Discothek, -en** discotheque *L5 B2.1., P. 86*
diskutieren to discuss *L6 B3.2., P. 108*
DM (Deutsche Mark) German Mark *L3 B3.1., P. 48*
doch indeed *L2 B2.1., P. 41*
der **Dom, -e** cathedral *L6 B1., P. 99*
der **Donnerstag, -e** Thursday *L5, A., P. 77*
das **Doppelzimmer, -** double room *L6 B2.2., P. 103*
das **Dorf, ¨-er** village *L3 B1.2., P. 43*
dort there *L6 B1., P. 99*
die **Dose, -n** can, tin *L4 B2.5., P. 70*
die **dritte** the third *L8 B2.2., P. 145*
du you *L2 B2.2., P. 28* (passim *L1 B3.2., P. 17*)
dunkel dark *L3 B1.1., P. 40*
durch through *L6 B1., P. 125*
die **Dusche, -n** shower *L3, B1.1., P. 41*

E
das **Ei, -er** egg *L4 A., P. 59*
ein, eine a, an *L3 B1.1., P. 40*
einen (i) (→ **ein**) *L4 B2.3., P. 66*; (ii) one *L7 B1.1.5., P. 120*
das **Einfamilienhaus, ¨-er** detached house, single-family house *L3 A., P. 39*
der **Eingang, ¨-e** entrance *L8 B1.3.2., P. 139*
einkaufen to shop *L5 B1.1.4., P. 79*
einladen to invite *L7 B1.1., P. 120*
die **Einladung, -en** invitation *L4 B3.2., P. 73*
einpacken to wrap *L7 B2.3., P. 127*
eins one *L7 B1.1.5., P. 120*
der **Einwohner, -** inhabitant *L3 B1.2., P. 43*
das **Einzelkind** only child *L2 B3., P. 34*

das **Einzelzimmer, -** single room *L6 B2.2., P. 103*
die **Eisenbahn, -en** railway *L6 B3.1., P. 107*
empfehlen to recommend *L6 B2.2., P. 103*
entschuldigen to excuse *L4 B2.4.1., P. 68*
die **Entschuldigung** excuse, apology *L1 B1.1., P. 8*
er he *L1 A., P. 7*
das **Erdgeschoß, Erdgeschosse** ground floor *L3 A., P. 39*
ergänzen to complete *L2 B1.3., P. 22*
erklären to explain *L7 B1.1.2., P. 119*
erst only *L2 B1.2., P. 21*
die **erste** the first *L8 B2.2., P. 145*
es it *L3 B3.1., P. 48*
es geht (→ **gehen**) All right, not so bad *L1 B1.1., P. 9*
es gibt (→ **geben**) there is *L3 B1.2., P. 43*
essen to eat *L4 A., P. 59*
das **Essen** (→ Abend-, Mittag-essen)
essen gehen (→ **gehen**) to go out for a meal *L5 B2.2., P. 87*
das **Eßzimmer, -** dining room *L3 A., P. 39*
etwas something, anything *L4 B3.1.2., P. 71*
euch (→ **ihr**) (to) you *L7 B1.1.4., P. 120*

F
die **Fabrik, -en** factory *L3 B1.2., P. 43*
fahren to go *L6 B1., P. 99*
falsch wrong *L2 B2.2., P. 30*
die **Familie, -n** family *L3 B1.1., P. 40*
fernsehen (→ **sehen**) to watch television *L5 A., P. 77*
der **Fernseher, -** television *L7 B2.2., P. 128*
fett fat, rich *L4 B1.3., P. 61*
der **Film, -e** (i) film (cinema) *L5 B2.2., P. 87*; (ii) film (photographic) *L7 B1.1.1., P. 118*
finden to find *L1 B3.2., P. 17* (also *L3 B2.1.2., P. 45*)
der **Fisch, -e** fish *L4 A., P. 59*
das **Fitneßzentrum, -zentren** fitness centre *L5 B1.1.1., P. 79*
die **Flasche, -n** bottle *L4 B1.1., P. 60*
das **Fleisch** meat *L4 A., P. 59*
fliegen to fly *L6 B3.4., P. 109*
fließen to flow *L6 B1., P. 99*
flirten to flirt *L5 B1.1.2., P. 79*
der **Flug, ¨-e** flight *L6 B3.2., P. 108*
der **Flughafen, ¨-** airport *L6 B3.1., P. 107*
das **Flugzeug, -e** aeroplane *L6 B3.1., P. 107*
der **Flur, -e** hall *L3 B1.1., P. 40*
die **Forelle, -n** trout *L4 B2.4., P. 68*
fotografieren to photograph *L5 A., P. 77*
die **Frage, -n** question *L3 B3.5., P. 54*
fragen to ask *L2 B3., P. 34*
die **Frau, -en** Mrs, woman, wife *L1 B1.1., P. 8*
das **Fräulein** Miss, young lady *L1 B1.1., P. 8*
frei free *L2 B1.2., P. 21*
der **Freitag, -e** Friday *L5 A., P. 77*
fremd strange *L8 B2.2., P. 143*
die **Freude, -n** pleasure *L7 B1.1., P. 118*
der **Freund/die Freundin** friend *L4 B3.2., P. 73*
frisch fresh *L4 B2.4.2., P. 68*
der **Friseur/die Friseurin** hairdresser *L5 B1.1.1., P. 79*
der **Frühling** spring *L6 B1., P. 99*
das **Frühstück** breakfast *L4 B1.1., P. 60*
frühstücken to have breakfast *L5 B1.2., P. 80*
funktionieren to work *L7 B3.2., P. 133*
für for *L6 B1., P. 77*
der **Fußball, ¨-e** football *L5 A., P. 77*

G
die **Gabel, -n** fork *L4 A., P. 59*
die **Garantie, -n** guarantee *L7 B3.2., P. 133*
der **Gasthof, ¨-e** inn *L6 B2.1., P. 102*
geben to give *L3 B1.2., P. 43* (**es gibt**); *L7 B1.1.2., P. 119*

der **Geburtstag, -e** birthday *L7 B1.1.2., P. 119*
gefallen to please *L3 B2.2., P. 46*
gehen to go, walk *L1 B1.1., P. 9* (**wie geht's?**); *L3 B3.3., P. 50* (**geht das?**); *L5 B1.1.2., P. 79*
das **Gemüse** vegetables *L4 A., P. 59*
gemütlich cosy *L3 B2.2., P. 46*
genug enough *L4 B3.1.2., P. 71*
geöffnet (→ **öffnen**) open *L5 B2.1., P. 86*
geradeaus straight ahead, straight on *L8 B2.2., P. 143*
das **Gericht, -e** dish *L4 B2.1., P. 62*
gern (e) willingly, gladly with pleasure *L4 B1.3., P. 61*
das **Geschäft, -e** shop *L5 B1.1.1., P. 79*
das **Geschenk, -e** present *L7 A., P. 117*
die **Geschichte** history *L8 B2.1., P. 142*
die **Geschwister, pl** brothers and sisters *L2 B3., P. 34*
das **Gespräch, -e** conversation *L6 B3.2., P. 108*
das **Getränk, -e** drink, beverage *L4 B1.2., P. 62*
getrennt separately *L4 B2.4., P. 68*
das **Glas, ¨-er** glass *L4 A., P. 59*
das **Gleis, -e** platform *L6 B3.5., P. 109*
der **Grafiker/die Grafikerin** commercial artist *L2 A., P. 19*
groß large *L3 B1.1., P. 40*
größte (→ **groß**) largest *L6 B1., P. 99*
die **Grüße, pl** wishes *L6 B1.2., P. 100*
die **Gulaschsuppe, -n** goulash soup *L4 B1.3., P. 61*
günstig convenient *L6 B3.4., P. 109*
die **Gurke, -n** cucumber *L4 B3.1.3., P. 71*
gut well *L1 B1.1., P. 9*
Guten Morgen! Good morning! *L1 B1., P. 9*
Guten Tag! Hello! *L1 A., P. 7*

H
haben to have *L3 B1.1., P. 40*
das **Hähnchen, -** chicken *L4 B1.3., P. 61*
halb half *L5 B1.2.3., P. 80*
häßlich ugly *L3 B2.1., P. 45*
der **Hauptbahnhof, ¨-e** main station *L8 B1.2., P. 138*
das **Hauptgericht, -e** main dish *L4 B1.2., P. 62*
die **Hauptstadt, -e** capital city *L1 B1.2., P. 10*
das **Haus, ¨-er** (→ Einfamilien-, Hoch-, Reihenhaus); (→ zu Haus (e))
heißen to be called, to be named *L1 A., P. 7*
helfen to help *L7 B1.2., P. 122*
hell light, bright *L3 B1.1., P. 40*
der **Herbst** autumn *L6 B1., P. 99*
der **Herr, -en** Mr *L1 B1.1., P. 8*
heute today *L5 B2.4.1., P. 86*
hier here *L1 B3.1., P. 16*
hinter behind *L8 B1.2., P. 138*
das **Hochhaus, ¨-er** block of flats, apartment building *L3 A., P. 39*
höchst (→ **hoch**) highest *L6 B1., P. 99*
die **Hochzeit, -en** wedding *L7 B1.2., P. 122*
holen to fetch, get *L5 B1.2., P. 80*
hören to hear, listen to *L1 B3.2., P. 17*
das **Hotel, -s** hotel *L6 B2.1., P. 102*
hübsch pretty *L7 B2.4., P. 130*

I
ich I *L1 A., P. 7*
die **Idee, -n** idea *L7 B1.2., P. 122*
ihm (→ **er**, → **es**) (to) him *L7 B1.1.2., P. 119*
ihn (→ **er**) him *L7 B2.2., P. 126*
Ihnen (→ **Sie**) (to) you *L1 B1.1., P. 9*
ihnen (→ **sie**) (to) them *L7 B1.1.2., P. 119*
ihr (→ **sie**) (to) her *L7 B1.1.2., P. 119*
im [= **in dem**] (→ **in**) in the *L3 B1.2., P. 43*
immer always *L6 B1., P. 99*
die **Industrie** (→ Industriezentrum)
das **Industriezentrum, -zentren** industrial centre *L6 B1., P. 99*
die **Information, -en** information *L7 B3.2., P. 133*

der **Ingenieur/die Ingenieurin** engineer *L2 A., P. 19*
ins [= **in das**] (→ **in**) into the *L5 B2.1., P. 87*
der **Intercity** Inter-City train *L6 B3.5., P. 109*
ist (→ **sein**) is *L1 A., P. 7*

J
ja yes *L1 B1.1., P. 8*
das **Jahr, -e** year *L3 B1.2., P. 43*
jemand someone *L5 B1.1.3., P. 79*
jetzt now *L3 B1.2., P. 43*
das **Jubiläum, Jubiläen** anniversary *L7 B1.2., P. 122*

K
die **Kabine, -n** cabin *L5 B1.1.1., P. 79*
der **Kaffee, -s** coffee *L4 A., P. 60*
das **Kalbfleisch** veal *L4 B2.1., P. 62*
kalt cold *L4 B2.4.2., P. 68*
die **Kamera, -s** camera *L7 A., P. 117*
kann (→ **können**) can *L5 B2.1., P. 86*
die **Kantine, -n** canteen *L4 B1.1., P. 60*
die **Karte, -n** map *L6 B3.2., P. 108*
die **Kartoffel, -n** potato *L4 A., P. 59*
der **Käse** cheese *L4 A., P. 59*
das **Käsebrot, -e** open sandwich with cheese *L4 B1.1., P. 60*
die **Kassette, -n** cassette *L7 B1.1.1., P. 118*
der **Kassettenrecorder, -** cassette recorder *L7 B1.1.1., P. 118*
kaufen to buy *L4 B2.5., P. 70*
die **Kauffrau, -en** sales executive *L2 B2.1.3., P. 27*
der **Kaufmann, ¨-er** sales executive, commercial clerk *L2 B1.2., P. 21*
kein no, not a *L3 B1.1., P. 41*
der **Kellner/die Kellnerin** waiter/waitress *L5 B1.2., P. 80*
kennen to know *L4 B2.1., P. 62*
das **Kilogramm, -e** kilogram *L4 B2.5., P. 70*
der **Kilometer, -** kilometer *L6 B2.3.1., P. 105*
das **Kind, -er** child *L3 B1.1., P. 40*
das **Kinderzimmer, -** children's room *L3 A., P. 39*
das **Kino, -s** cinema *L5 B1.1.1., P. 79*
die **Kirche, -n** church *L3 B1.2., P. 43*
klein small *L3 B1.1., P. 40*
klimatisiert air-conditioned *L6 B2.1., P. 102*
kg (→ Kilogramm)
km (→ Kilometer)
der **Koch/die Köchin** cook *L5 B1.2., P. 80*
kochen to cook *L4 B3.3., P. 75*
der **Kollege/die Kollegin** colleague *L2 B1.3., P. 22*
komisch strange *L3 B1.1., P. 40*
kommen to come *L1 B1.2., P. 10*
kompliziert complicated *L6 B3.2., P. 108*
können to be able to *L5 B2.1., P. 86*
das **Konzert, -e** concert *L5 B2.2., P. 87*
kosten to cost *L3 B3.1., P. 48*
das **Kotelett, -s** chop *L4 B1.1., P. 60*
das **Krankenhaus, ¨-er** hospital *L5 B1.1.1., P. 79*
die **Krankenschwester, -n** nurse *L2 A., P. 19*
die **Kreuzung, -en** crossing *L8 B2.2., P. 143*
der **Kuchen, -** cake *L4 A., P. 59*
die **Küche, -n** kitchen *L3 A., P. 39*
der **Kugelschreiber, -** ballpoint pen *L7 A., P. 117*
die **Kunsthalle, -n** art gallery *L8 B2.1.1., P. 142*
der **Kurs, -e** (→ Deutschkurs)
kurz short *L6 B3.2., P. 108*

L
die **Lampe, -n** lamp *L3 B1.1., P. 40*
das **Land, ¨-er** country *L4 B2.1., P. 62*
lang long *L2 B2.2., P. 28*
langweilig boring *L7 B1.2., P. 122*
laut noisy *L6 B2.2., P. 103*
leben to live, to exist, to be alive *L5 A., P. 77*

ledig single *L2 B3.2., P. 38*
der **Lehrer** teacher (male) *L7 B1.1.2., P.119*
die **Lehrerin** teacher (female) *L2 B1.1.1., P. 20*
leid tun (tut [mir] leid) to be sorry *L5 B2.2., P. 87*
leider unfortunately *L2 B2.2., P. 28*
leihen to borrow *L8 B2.1.2., P. 143*
lernen to learn, to study *L2 B2.1., P. 26*
lesen to read *L3 B3.4., P. 52*
die **Leute, pl** people *L3 B1.2., P. 43*
lieben to love, like *L6 B1.2., P. 100* (**Ihr Lieben!**); *L7 B1.1.2., P. 119*
lieber preferably *L4 B1.3., P. 61*
liefern to deliver *L7 B3.2., P. 133*
liegen to lie, be situated *L2 B2.2., P. 28*
links to (or on) the left *L8 B2.2., P. 143*
der **Löffel, -** spoon *L4 A., P. 59*
Lust haben (→ haben) to feel like *L5 B2.2., P. 87*

M
m (= → Meter) metre *L6 B1., P. 99*
machen to do *L2 B1.2., P. 21*
mag (→ mögen) to like *L7 B1.1.1., P. 118*
mal once, just *L5 B2.2., P. 89* (**mal wieder**); *L7 B2.2., P. 126* (**noch mal**, etc)
man one, people *L4 B1.1., P. 61*
der **Mann, ¨-er** (→ Kaufmann)
männlich male *L2 B3.2., P. 38*
das **Märchen, -** fairy tale *L6 B1., P. 99*
die **Mark (= DM)** mark (= DM) *L3 B3.3., P. 48*
der **Markt, ¨-e** market *L8 B2.1.1., P. 142*
die **Markthalle, -n** covered market *L8 B2.2., P. 145*
die **Marmelade, -n** jam *L4 B1.1., P.60*
die **Maschine, -n** engine *L7 B1.1.1., P. 79*
der **Mechaniker/die Mechanikerin** mechanic *L2 A., P. 19*
das **Medikament, -e** medicine *L5 B1.2., P. 80*
das **Mehl** flour *L4 B3.1.3., P. 71*
mehr more *L4 B3.1.2., P. 71*
mein, meine my *L1 A., P. 7*
meinen to think *L3 B1.1., P. 41*
der **Mensch, -en** man, human being *L6 B1., P. 99*
das **Messer, -** knife *L4 A., P. 59*
der **Meter, -** metre *L6 B1., P. 99*
die **Metzgerei, -en** butcher's *L5 B1.1.1., P. 79*
die **Miete, -n** rent *L3 A., P. 39*
mieten to rent *L3 B3.5.1., P. 54*
die **Milch** milk *L4 A., P. 59*
die **Million, -en** million *L6 B1., P. 99*
das **Mineralwasser, -** mineral water *L4 B1.1., P. 61*
die **Minute, -n** minute *L2 B2.2., P. 28*
mir (→ ich) (to) me *L3 B2.2., P. 46*
mit with *L4 B1.1., P. 60*
mitbringen to bring along *L7 B1.1.5., P. 120*
mitgehen (→ gehen) to come along *L5 B2.1., P. 86*
mitkommen (→ kommen) to come along *L5 B2.2., P. 87*
der **Mittag, -e** midday, noon *L5 B1.2., P. 81*
das **Mittagessen, -** lunch *L4 B1.1., P. 60*
mitten in the middle *L8 B1.2., P. 138*
der **Mittwoch, -e** Wednesday *L5 A., P. 77*
die **Möbel, pl** furniture *L3 B2.2., P. 46*
möchte (→ mögen) would like *L2 B2.1., P. 26*
mögen to like, to be able, care to *L2 B2.1., P. 26* (also *L7 B1.1.1., P. 118*)
möglichst as . . . as possible *L6 B2.2., P. 103*
der **Monat, -e** month *L2 B1.2., P. 21*
der **Montag, -e** Monday *L5 A., P. 77*
morgen tomorrow *L6 B1.2., P. 100*
der **Mühle, -n** mill *L3 B1.2., P. 43*
das **Museum, Museen** museum *L8 B2.1.1., P. 142*
die **Musik** music *L5 A., P. 77*
müssen to have to, be obliged to, must *L5 B2.1., P. 86*

N
Na ja! Well! *L2 B2.1., P. 26*
nach (i) past *L5 B2.3.3., P. 93*; (ii) to *L6 B1., P. 99*; (iii) after *L8 B2.2., P. 143*
nachdenken to think over, reflect *L7 B2.1., P. 125*
nachher afterwards *L5 B2.1., P. 86*
nächste Woche next week *L5 B2.2., P. 87*
die **Nacht, ¨-e** night *L8 B1.2., P. 138*
der **Nachteil, -e** disadvantage *L6 B3.2., P. 108*
der **Nachtisch** dessert *L4 B1.2., P. 62*
der **Nachtclub, -s** nightclub *L8 B1.2., P. 138*
der **Name, -n** name *L1 A., P. 7*
natürlich of course *L2 B1.2., P. 21*
neben as well as *L8 B1.2., P. 138*
nehmen to take, to have *L4 B2.2., P. 66*
nein no *L1 B1.1., P. 8*
neu new *L1 B1.2., P. 21*
nicht not *L1 A., P. 7*
nichts nothing *L4 B1.1., P. 61*
noch (i) still, yet *L2 B1.2., P. 21*; (ii) besides, as well *L4 B2.5., P. 70*
Norddeutschland Northern Germany *L3 B1.2., P. 43*
die **Nummer, -n** (→ Nr.)
Nr. (= Nummer) no. (number) *L3 B1.1., P. 41*
nur only *L2 B3.2., P. 38*

O
der **Ober, -** waiter *L4 B2.4.1., P. 68*
das **Obst** fruit *L4 A., P. 59*
oder or *L4 B2.4., P. 68*
öffentlich public *L8 B2.1.1., P. 142*
das **Öl, -e** oil *L4 B2.5., P. 70*
der **Österreicher/die Österreicherin** Austrian *L2 B2.2., P. 28*
ohne without *L6 B2.2., P. 103*
der **Orangensaft, ¨-e** orange juice *L4 B2.2., P. 65*
die **Ordensschwester, -n** nun *L2 B3.2., P. 38*

P
der **Packer/die Packerin** packer *L2 B2.1.3., P. 27*
die **Packung, -en** packet, package *L4 B2.3., P. 70*
das **Papier** (→ Briefpapier)
der **Park, -s** park *L8 B2.1.1., P. 142*
die **Party, -s/-ies** party *L7 B1.1.4., P. 120*
der **Passagier, -e** passenger *L6 B3.5., P. 109*
passen (i) to fit *L1 B3.2., P. 17*; (ii) to suit *L7 B1.1.4., P. 120*
die **Pause, -n** break *L5 B2.2., P. 81*
die **Pension, -en** guest house *L6 B2.1., P. 102*
das **Personenraten** "Guess who?" game *L2 B2.1., P. 38*
der **Pfannkuchen, -** pancake *L4 B3.1.3., P. 71*
phantastisch fantastic *L3 B2.2., P. 46*
der **Plan, ¨-e** map *L8 B2.2., P. 146*
die **Platte, -n (= Schallplatte)** record *L7 B1.1.2., P. 119*
der **Plattenspieler, -** record player *L7 B1.1.1., P. 118*
die **Plattform, -en** platform *L8 B1.3.2., P. 139*
der **Platz, ¨-e** square *L3 B1.2., P. 43*
der **Politiker/die Politikerin** politician *L2 B3.2., P. 38*
die **Pommes frites** chips, French fries *L4 B2.2., P. 66*
praktisch practical *L3 B2.2.1., P. 45*
prima first class, great *L3 B2.2., P. 46*
das **Privatzimmer, -** room for paying guests *L6 B2.1., P. 102*
pro per *L5 B2.3.1., P. 92*
produzieren to produce *L3 B1.2., P. 43*
der **Programmierer/die Programmiererin** programmer *L2 A., P. 19*
der **Prospekt, -e** brochure *L8 B1.2., P. 138*
putzen to clean, to sweep *L5 A., P. 77*

Q
der **Quadratmeter (= m²)** square metre (= m^2) *L3 A., P. 39*

R

das **Radio, -s** radio *L7 B1.1.2., P. 119*

der **Radiorecorder, -** radio-cassette recorder *L7 B1.1.2., P. 119*

das **Rathaus, ¨-er** town hall *L8 B2.1.1., P. 142*

rechts right *L8 B2.2., P. 143*

das **Reihenhaus, ¨-er** terraced house *L3 A., P. 39*

der **Reis** rice *L4 A., P. 59*

reisen to travel *L7 B1.1.3., P. 119*

der **Rentner/die Rentnerin** pensioner *L4 B1.1., P. 60*

das **Restaurant, -s** restaurant *L5 B1.1.1., P. 79*

richtig right, correct *L2 B2.1., P. 26*

die **Richtung, -en** direction *L8 B2.4., P. 147*

das **Rindfleisch** beef *L4 B2.1., P. 62*

die **Rindfleischsuppe, -n** beef soup *L4 B1.1., P. 60*

der **Rotwein, -e** red wine *L4 B2.2., P. 66*

die **Roulade, -n** beef olive *L4 B2.4., P. 68*

ruhig quiet, peaceful *L3 B3.5., P. 54*

S

der **Saft, ¨-e** (→ **Apfelsaft**)

sagen to say, to tell *L2 B2.1., P. 26*

der **Salat, -e** lettuce *L4 A., P. 59*

der **Salatteller, -** salad *L4 B2.2., P. 66*

der **Samstag, -e** Saturday *L5 A., P. 77*

satt full, satisfied *L4 B3.1.2., P. 71*

der **Satz, ¨-e** sentence *L4 B3.2., P. 73*

sauer sour *L4 B1.3., P. 61*

schade a pity *L3 B3.3., P. 50*

die **Schallplatte, -n** record *L7 B1.1.1., P. 118*

scharf hot, highly spiced, spicy *L4 B1.3., P. 61*

schauen to look *L7 B2., P. 126*

schenken to give (someone something as a present) *L7 B1.1., P. 118*

der **Schilling, -e** (Austrian) shilling *L6 B2.2., P. 103*

der **Schinken, -** ham *L4 B3.1.3., P. 71*

das **Schinkenbrot, -e** open sandwich with ham *L4 B2.4., P. 68*

die **Schischule** ski school *L1 A., P. 7*

schlafen to sleep *L5 B1.1.3., P. 79*

schlafen gehen (→ **gehen**) to go to bed *L5 B1.2., P. 81*

das **Schlafzimmer, -** bedroom *L3, A., P. 39*

schlecht bad *L3 B2.2., P. 46*

das **Schloß, Schlösser** castle *L6 B1., P. 99*

der **Schlosser/die Schlosserin** fitter *L2 B1.2., P. 21*

schmecken to taste *L4 B3.1.1., P. 71*

schneiden to cut *L5 B1.2., P. 80*

schnell fast *L6 B3.2., P. 108*

der **Schnellimbiß, Schnellimbisse** snack bar *L4 B1.1., P. 61*

schon already *L2 B1.1., P. 21*

schön attractive *L3 B2.1.1., P. 45*

der **Schrank, ¨-e** cupboard *L3 B1.1., P. 40*

schreiben to write *L5 A., P. 77*

die **Schreibmaschine, -n** typewriter *L7 B1.1.1., P. 118*

der **Schriftsteller/die Schriftstellerin** writer *L2 B3.2., P. 38*

der **Schüler/die Schülerin** pupil *L6 A., P. 98*

der **Schweinebraten, -** roast pork *L4 B2.4.2., P. 68*

das **Schweinefleisch** pork *L4 B2.1., P. 62*

das **Schwimmbad, ¨-er** swimming pool *L5 B1.1.1., P. 79*

schwimmen to swim *L5 B1.1.3., P. 79*

die **Schwimmhalle, -n** indoor swimming pool *L8 B2.1.1., P. 142*

das **Segelboot, -e** sailing boat *L8 B1.2., P. 138*

segeln to sail *L8 B1.2., P. 143*

sehen to see, to look *L5 A., P. 77*

sehr very *L3 B.1.1., P. 40*

sein to be *L1 A., P. 7*

der **Sekretär/die Sekretärin** secretary *L2 B1.1.1., P. 21*

selten seldom *L7 B1.1.5., P. 120*

der **Sessel, -** easy chair, armchair *L2 B1.1., P. 40*

sie she (sing), they (pl) *L1 B2.1., P. 13*

Sie you *L1 A., P. 7*

sind (→ **sein**) are *L1 B1.1., P. 8*

so (i) so *L1 B1.1., P. 9*; (ii) about *L5 B2.2., P. 87*

sofort at once, straightaway *L3 B3.3., P. 50*

der **Sommer, -** summer *L6 B1., P. 99*

das **Sonderangebot, -e** special offer *L7 B2.2., P. 128*

sondern but, but rather *L3 B1.1., P. 41*

die **Sonne, -n** sun *L6 B1., P. 99*

die **Sonnenuhr, -en** sundial *L8 B1.3.2., P. 139*

der **Sonntag, -e** Sunday *L5 A., P. 77*

später later *L4 B1.1., P. 60*

Spanisch Spanish *L2 B2.1., P. 27*

spazieren gehen (→ **gehen**) to go for a walk *L5 B1.1.2., P. 79*

die **Spielbank, -en** casino *L8 B2.1.1., P. 142*

spielen to play *L5 A., P. 77*

der **Sportplatz, ¨-e** sports grounds *L8 B2.1.1., P. 142*

das **Sportzentrum, -zentren** sports centre *L5 B1.1.1., P. 79*

sprechen to speak *L2 B2.1., P. 26*

die **Stadt, ¨-e** town *L3 B1.2., P. 43*

der **Stammtisch, -e** table in a restaurant or pub where a group of friends meet regularly *L6 B3.2., P. 108*

die **Station, -en** station *L8 B2.4., P. 147*

das **Steak, -s** steak *L4 B2.2., P. 66*

steigen to climb *L6 B1., P. 99*

stimmt (→ **stimmen**) to be right *L2 B3.1., P. 33; L7 B1.2., P. 122* (= that's night)

der **Stock** floor (storey) *L3 A., P. 39*

der **Strammer Max** open sandwich of boiled ham and fried egg *L4 B3.1.3., P. 71*

die **Straße, -n** street, road *L3 B3.3., P. 50*

der **Student/die Studentin** student *L2 A., P. 19*

studieren to study *L2 B2.1., P. 26*

das **Stück, -e** piece *L4 B3.3., P. 75*

der **Stuhl, ¨-e** chair *L3 B1.1., P. 40*

die **Stunde, -n** hour *L2 B2.2., P. 28*

suchen to look for *L3 B3.4., P. 52*

Süddeutschland Southern Germany *L3 B1.2., P. 43*

die **Suppe, -n** soup *L4 B1.1., P. 61*

süß sweet *L4 B1.3., P. 61*

T

der **Tag, -e** day *L2 B1.2., P. 21* (and → **Guten Tag!**)

das **Tanz-Café, -s** restaurant with dancing *L5 B2.1., P. 86*

tanzen to dance *L5 B1.1., P. 79*

die **Tasche, -n** bag *L7 A., P. 117*

die **Tasse, -n** cup *L4 B2.2., P. 65*

der **Tee** tea *L4 B1.1., P. 60*

Tel. (= das **Telefon, -e**) telephone number *L3 B3.3., P. 50*

telefonieren to telephone *L8 B2.1.2., P. 143*

der **Telefonist/die Telefonistin** telephonist, switchboard operator *L2 B1.2., P. 21*

der **Teller, -** plate *L4 A., P. 59*

der **Tennisplatz, ¨-e** tennis court *L6 B1.2., P. 100*

der **Tennisspieler, -** tennis player *L2 B3.2., P. 38*

der **Teppich, -e** carpet, rug *L3 B1.1., P. 40*

der **Terminkalender, -** diary *L5 B2.4., P. 95*

die **Terrasse, -n** terrace *L8 B1.3.2., P. 139*

teuer expensive *L3 B3.1., P. 48*

der **Text, -e** text *L3 B3.5., P. 54*

das **Theater, -** theatre *L5 B2.2., P. 87*

das **Tier, -e** animal *L6 B1., P. 99*

der **Tisch, -e** table *L3 B1.1., P. 40*

das **Tischtennis** table tennis *L5 B1.1.4., P. 79*

die **Toilette, -n** lavatory, toilet *L3 B1.1., P. 40*

toll smashing, great *L3 B2.2., P. 46*

der **Tourist, -en** tourist *L6 B1., P. 99*

treffen to meet *L5 A., P. 77*